Marie-Paule Hallard

—

Le Français chanté

Marie-Paule Hallard

Le Français chanté

Phonetik und Aspekte der Sprache im klassischen Gesang

Königshausen & Neumann

Bibliografische Information der Deutschen Nationalbibliothek

Die Deutsche Nationalbibliothek verzeichnet diese Publikation in der Deutschen Nationalbibliografie; detaillierte bibliografische Daten sind im Internet über http://dnb.d-nb.de abrufbar.

Gedruckt auf säurefreiem, alterungsbeständigem Papier
Umschlag: skh-softics / coverart
Umschlagabbildung: Alphonse Osbert: »La Muse au lever du soleil «, (Die Muse bei Sonnenaufgang), 1918

Printed in Germany

ISBN 978-3-8260-8801-8
eISBN 978-3-8260-8802-5

www.koenigshausen-neumann.de
www.ebook.de
www.buchhandel.de
www.buchkatalog.de

„Tradition ist nicht die Anbetung der Asche, sondern die Weitergabe des Feuers.“

Thomas MORE (1478-1535) zugeschrieben,
und weiteren…

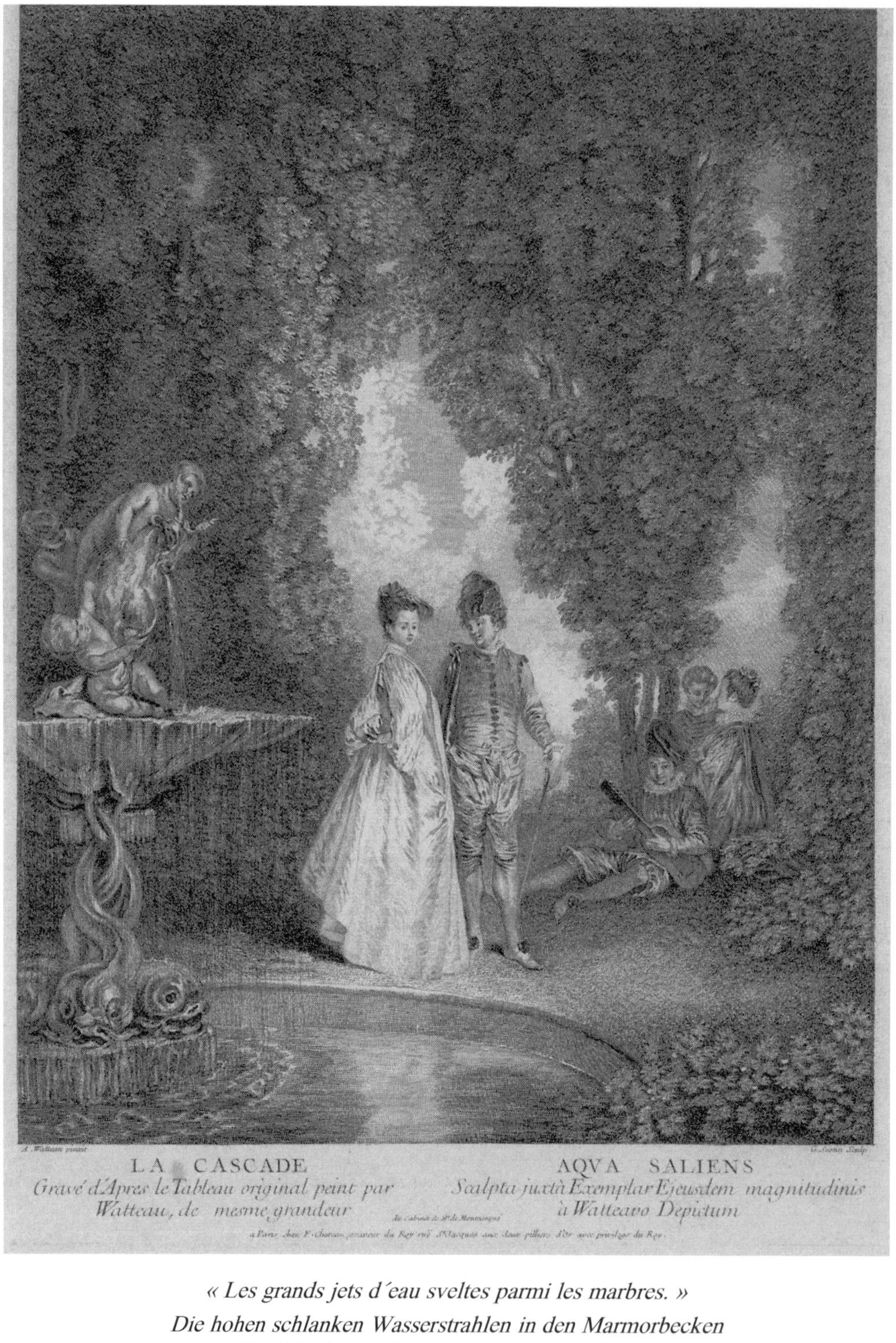

« Les grands jets d´eau sveltes parmi les marbres. »
Die hohen schlanken Wasserstrahlen in den Marmorbecken
(Paul Verlaine, *Clair de lune, Fêtes galantes)*

Vorwort

Die Idee zu diesem Buch entstand dadurch, dass es seit Pierre Bernacs auf Englisch verfasstem Buch „*The Interpretation of French Song*“ (1970) keinerlei Veröffentlichung auf Französisch gibt, um denjenigen, die mit klassischem Gesang zu tun haben, zur Seite zu stehen, wenn es sich um spezifische Probleme der Sprachbehandlung wie Phonetik, Diktion oder Technik der Artikulation geht. Man muss über den Kanal und den Atlantik gehen, um eine Literatur zu finden, die sich mit diesen Fragen auseinandersetzt. Es war also logisch, dieses Buch zunächst auf Französisch zu schreiben, obwohl Erkenntnisse auf diesem Gebiet das Ergebnis einer langjährigen Unterrichtserfahrung der gebürtigen Französin auf deutschem Boden darstellen.

Nun ist es höchste Zeit, nach mehr als zwanzigjähriger Praxis in Deutschland, nach *Besonderheiten des gesungenen Französisch* (2009) und *Kleine Phonetik der französischen Sprache* (2012) eine vollständigere Betrachtung des Themas auf Deutsch anzubieten.

Das vorliegende Buch wendet sich an alle, die mit französischem Gesang zu tun haben: Studierende, Gesangspädagogen, professionelle Sänger, Korrepetitoren, Liebbegleiter, Chorleiter, an alle, die sich über die richtige klassische Aussprache, über den Gebrauch der *liaison* (Verbindung eines sonst stummen Endkonsonanten mit dem nächsten vokalisch beginnenden Wort), über die Betonung kundig machen wollen.

Um diese Materie zu behandeln, ist es wahrscheinlich nicht falsch in einer Zeit aufgewachsen zu sein, in der die französische Sprache in Frankreich beinahe Religion-Status genoss. Das Erlernen erstreckte sich über lange Jahre der Übung in der Grundschule, die zu einem Abschluss führte (*Certificat d'Études*), der in diesem Punkt mindestens das Niveau des heutigen *Baccalauréat* (Abitur) erreichte, gar übertraf. Zu jener Zeit galt eine *faute de français* (sprachliche Fehlleistung welcher Art auch immer) beinahe als achte Todsünde.

Der Schulunterricht hat sich mittlerweile sehr geändert und ändert sich kontinuierlich. Die Gründe sind vielfältig. Die Regeln sind offenbar nicht mehr so zwingend, wie sie einmal waren, und werden nach und nach selbst von offizieller Seite aufgeweicht. Das heutige Sprachniveau entfernt sich immer mehr von der Hochsprache und auf die Artikulation wird ohnehin weniger Wert gelegt.

Diese Entwicklung ist – wie wir wissen – leider international. Für diejenigen aber, die die französische Sprache lieben, ihre angeblich cartesianische Rigorosität, die Raffinesse syntaktischer Strukturen, den Reichtum des Vokabulars, ihre Nuancen und ihre Darstellungskraft, ist diese Feststellung schmerzhaft.

Die französische Hochsprache ist eine besonders musikalische, die von ihrer einzigartigen Farbigkeit lebt, und – man staune – wunderbar zu singen ist. Leider ist es aber wahrscheinlich, dass man sehr bald keinen Unterschied mehr zwischen einem offenen oder einem geschlossenen o machen wird. Die *liaison* gibt es im Alltag, auch in den Medien, so gut wie gar nicht mehr.

Wird man in einigen Jahren noch imstande sein, ein Gedicht von Paul Verlaine in Vertonungen von Gabriel Fauré oder Claude Debussy zu durchdringen und stilgerecht zum Leben erwecken können? Zum Glück gibt es Museumskuratoren, Archäologen, Restauratoren und es wird hoffentlich auch Menschen geben, die sich für die klassische französische Vokalmusik begeistern, und sich die Mühe machen, sie möglichst genuin zu gestalten und zu interpretieren, wie man es heute in der sogenannten *historisch informierten Aufführungspraxis* der Alten Musik tut.

Aus diesem Grund wurde dieses Buch geschrieben, in der Hoffnung, das Bewusstsein für diese einzigartige Sprache zu wecken und zu schärfen. Darin steckt der Wunsch, etwas von diesem besonderen Kulturgut zu erhalten und zu schützen.

N.B. Sängerinnen und Sänger, die in der Öffentlichkeit heute noch aktiv sind, werden nicht genannt.
Zur besseren Lesbarkeit wird auf die gendergerechte Schreibweise verzichtet.
Alle Personenbezeichnungen sind als „sowohl als auch“ zu betrachten.

Die Phonetik der französischen Sprache – nicht zuletzt aufgrund der komplizierten Rechtschreibung – ist besonders komplex. Dies kann man sicherlich durch ihre Geschichte erklären. Sie entstand zunächst aus dem klassischen Latein. Das *Vulgärlatein* (die Sprache des Volkes im Gegensatz zum Schrift- und Gelehrtenlatein) gilt als der Ursprung der romanischen Sprachen, zu denen Französisch gehört. Weitere Einflüsse wie das Griechische oder Gallische (Keltische) haben Spuren hinterlassen... Wie alle lebendigen Sprachen hat sich Französisch nach und nach transformiert: Syntax, Ausleihen von anderen Sprachen, phonetische Evolution, Einfluss der verschiedenen Dialekte. Hinzu kamen mit der Zentralisierung durch die Monarchie die Bemühungen um eine Einheitssprache und vermutlich um eine *erhabene* Ausdrucksweise. Ab 850 etwa fängt man an, vom Französischen zu reden, das man heute als *Ancien Français* (altes Französisch) bezeichnet.

Die *Pléiade*, eine im XVI. Jh. von namhaften Dichtern gegründeten literarischen Bewegung, bemühte sich u.a. um die Einheit der Sprache; führend waren *Pierre de Ronsard* (1524-1585) und *Joachim du Bellay* (1522-1560). Zur Zeit *Ludwig des XIII.* gründete *Cardinal de Richelieu* 1634 die *Académie Française*. Eins der Ziele war ebenfalls, die Sprache zu vereinheitlichen und zu systematisieren. Diese Reformen sind aber in der Regel unvollständig geblieben, so dass ein Wort betroffen war, ein anderes nicht.

Und draußen entwickelte sich die Sprache weiter, unabhängig von angestrebten Reformen. Dies alles führte wohl dazu, dass in vielen Fällen „die Ausnahme die Regel bestätigt", was das Ganze nicht einfacher macht.

Die folgenden Seiten bemühen sich, die phonetischen Regeln so klar und systematisch wie möglich zu präsentieren. Sie richten sich selbstverständlich nach der Hochsprache, die heute ironischerweise als *Französisch Nr. 2* bezeichnet wird, während die Umgangssprache als *Französisch Nr.1* gilt! Man bemerke die Umkehrung der Hierarchie.

Eine kostbare Hilfe bietet das *Internationale Phonetische Alphabet* (IPA), ein Werkzeug, dessen Symbole die Aussprache eines Schriftzeichens mit ziemlicher Klarheit darstellen.

Diese Symbole werden von eckigen Klammern umgeben, damit klar ist, dass es sich um Aussprache handelt. Der Laut *a* von *papa* wird [a] phonetisch dargestellt. Dieses „akustische" Symbol gilt für alle Sprachen auf der ganzen Welt, egal wie ihre Schriften tatsächlich aussehen. In vielen europäischen Sprachen kann ein Laut allerdings verschiedene Schreibweisen haben, während die Schreibweise dagegen verschiedene Aussprachen haben kann. Im Französischen gibt es z.B. Vokale und Konsonanten, die mit anderen Schriftzeichen kombiniert zu neuen Lauten werden: *ai:* [e] oder [ɛ], *au* [o] oder [ɔ], *eau* [o], *an* [ɑ̃], *ch* [ʃ], *ç* [s]...

Im Gegensatz zu Sprachen wie Deutsch oder Englisch haben wir das Glück, nur 28 IPA-Symbole zu benötigen, was nicht für alle Sprachen gilt.

Das vorliegende Buch ist in vier Hauptkapiteln gegliedert.

- Die Phonetik der französischen Hochsprache
- Die französische Diktion und ihre spezifischen Aspekte: Satzstruktur, *liaison*, Betonung
- Die Artikulation: Ihre Eigenheiten und einige Möglichkeiten, sie zu verbessern
- Die Interpretation

Die Themen überkreuzen sich manchmal, denn Sprache an sich kümmert sich wenig um Klassifizierung. Manche Informationen können sich daher wiederholen, wenn es für das gerade behandelte Thema nützlich erscheint. Dies kann in manchen Fällen die Handhabung des Buches erleichtern und womöglich das Gedächtnis unterstützen.

Lücken können selbstverständlich ^^^^nicht ausgeschlossen werden. Für Hinweise sind wir dankbar. Kontroversen sind erlaubt, gar erwünscht.

Die Phonetik der französischen Hochsprache

Typographische Konventionen

Das Buch stützt sich hauptsächlich auf den *Traité de Prononciation Française* von Pierre Fouché (1956) und auf das *Dictionnaire de la prononciation française dans sa norme actuelle* (1987) von Léon Warnant, (das den Vorteil bietet, zwischen Umgangssprache und *style soutenu*, gehobener Stil, bzw. Hochsprache zu unterscheiden). Bewusst werden diese Werke herangezogen, da sie die für den klassischen Gesang wichtigen Regeln heute noch vertreten.

Inzwischen ist das IPA modernisiert worden, die Kriterien haben sich verfeinert, manche Symbole verschwanden oder wurden geändert, neue sind hinzugekommen. Die Wörterbücher passen die phonetischen Transkriptionen mehr und mehr der aktuellen Aussprache an, was für unsere Zwecke eher problematisch ist, da es hier darum geht, sich mit der Tradition der sog. Hochsprache auseinanderzusetzen.
Deshalb bedürfen manche typographischen Entscheidungen einer Erklärung.

Besondere Notierungen

- **[*ɛ*]** Die Aussprache der kleinen Wörter *les, des, ces, mes, tes, ses* ist in der Bühnensprache offiziell offen. Dies gilt ebenfalls für den klassischen Gesang. Sie darf aber heute nicht mehr ganz so offen sein wie früher. Eine mittlere Öffnung wird empfohlen. Das offizielle Zeichen dafür [ẹ] hat für den Laien wenig Aussagekraft. Aus diesem Grunde wird ein kursiv gedrucktes offenes **[*ɛ*]** verwendet, das daran erinnert, dass der Vokal grundsätzlich offen sein sollte, aber nicht zu sehr. Das heutige vielfach geläufige [e] klingt einengend.

- **[ɑ̃]** und **[õ]** Diese Nasalvokale werden in den meisten Wörterbüchern offen notiert: [ã] und [ɔ̃]. Die Erfahrung zeigt aber, dass sie sehr oft zu offen gesungen werden, [õ] praktisch immer.

- **Laut R** - Das französische R kennt viele akustische Formen, je nach Region, sozialem Milieu, Zeitgeist, Stilniveau, Individuum, so wie Stellung des Konsonanten im Wort (am Anfang oder am Ende einer Silbe). Die Phonetiker kümmern sich intensiv darum, aber die Definitionen, Vokabeln und phonetischen Symbole scheinen nicht einheitlich zu sein.

Im klassischen Gesang reichen zwei gesungene *R*: Das Gaumen-R, [R] bei Fouché und Warnant, das im Französischen viele Varianten und Bezeichnungen erfährt, wird im hinteren Teil des Mundraumes gebildet und klingt rau und gaumig.
Das Zungen-R, phonetisch [r], das *r*, das durch Vibration (oder Rollen) der Zungenspitze gegen die oberen Schneidezähne (bzw. Alveolen) entsteht. Es ähnelt dem italienischen, wird aber nicht so stark gerollt, es lässt sich eher mit dem spanischen vergleichen (*pero*).

In dem Buch wird das Symbol [r] durchgehend verwendet, weil es der Tradition des klassischen Gesangs entspricht und typographisch einfacher ist. Dies bedeutet aber nicht, dass das Gaumen-R abgelehnt wird, das heute zunehmend von zahlreichen Sängerinnen und Sängern verwendet wird.

- Die **Vokaltrennung** wird statt durch Punkte durch einen Bogen [‿] markiert, der dem Legato entspricht.

Typografie

- Die vorgeschlagenen Beispiele sind kursiv gedruckt, die phonetischen Transkriptionen nach dem IPA sind von eckigen Klammern umrahmt [fɔ‿ne‿tik].

- In den Beispielen sind die besprochenen Elemente fett gedruckt, ebenfalls die folgenden Buchstaben, wenn sie stumm sind. Sie werden als zu dem Phonem gehörig betrachtet. Die stummen Konsonanten werden zusätzlich doppeltgestrichen. Hier zwei Beispiele mit [ɛ] und [p].

est (ist) = [ɛ], aber *est* (Osten) = [ɛst]

bei *do**mp**teur* [dõ‿tœr] bleibt ***p*** stumm ≠ bei *so**mp**tueux* [sõp‿tyø] wird es gesprochen.

Verwendete Abkürzungen und Zeichen

Abl.	Ableitung /	Gr.	Griechisch	Pl.	Plural	u.U.	unter Umständen
	abgeleitet	Dipht.	Diphthong	Präp.	Präposition	V.	Verb
Adj.	Adjektiv	entspr.	entsprechend	Präs.	Präsenz	Vok.	Vokal
Adv.	Adverb	Fr.	Französisch	s.	siehe	Wdh.	Wiederholung
Art.	Artikel	HS	Hochsprache	s.o.	siehe oben	z.B.	zum Beispiel
D.	Deutsch	It.	Italienisch	s.u.	siehe unten	=	genauso wie
dergl.	dergleichen	Kons.	Konsonant	S.	Seite	≈	ungefähr wie
durchg.	durchgehend	Lat.	Latein	Sing.	Singular	≠	verschieden von
Eng. / E.	Englisch	Lex.	Lexikon	Sp.	Spanisch	|	Zäsur
entspr.	Entsprechend	od.	oder	Subst.	Substantiv	'	Keine Liaison
ges.	gesungen	MA	Mittelalter	Tab.	Tabellen	[-]	stumm

PHONEM / GRAPHEM

Das *Phonem* (Phon) hat mit der Lautung zu tun, das *Graphem* (Graphie) mit der Schreibweise.

- Das Phonem ist die kleinste bedeutungsunterscheidende akustische Einheit, entspricht also der Lautung eines Schriftzeichens und wird von einem IPA-Symbol dargestellt, das zwischen eckigen Klammern steht.

[a] bei *chat* ; [b] bei *robe* ; [z] bei *rose* ; [f] bei ***ph**oto*

Es kann mehrere Schreibweisen haben.

- Das *Graphem* ist die kleinste bedeutungsunterscheidende schriftliche Einheit in einem Sprachsystem. Es kann aus mehreren Schriftzeichen bestehen.

o, au, eau sind Grapheme für den Laut [o]
ph und ***f*** sind Grapheme für den Laut [f]: ***f**aire*, ***ph**oto*

Es kann verschiedene Aussprachen haben

eu kann [ø] ***peu*** oder [œ] ***peur*** gesprochen werden,
ch [ʃ] ***ch**at* oder [k] ***ch**aos*

DIE SILBE

Eine *Silbe* ist ein Wortteil, der einen Vokallaut, bzw. einen Diphthong, enthält oder eine einzige Klangeinheit bildet (*Pscht!).* Sie kann aus einem einzigen Vokal bestehen, z. B. ***a*** (hat) oder ***y*** (dort) bei *il y a* (es hat dort = es gibt).
Ein Vokal kann auch aus mehreren Buchstaben bestehen,

oh!, ô, eau (Wasser), ***haut*** [hoch), alles [o]

Die Silbentrennung

Die Silbentrennung ist wichtig für die Aussprache, ist aber in mehrsilbigen Wörtern nicht immer klar zu erkennen und in Noten manchmal missverständlich oder falsch gedruckt.

Allgemeine Regeln

- Befindet sich nur ein Konsonant zwischen zwei Vokalen, wird nach dem Vokallaut getrennt.

âme (â-me), aimer (ai-mer), lever (le-ver), maison (mai-son), mouton (mou-ton), beauté (beau-té), etc.

- Sind nach dem Vokal zwei oder mehr Konsonanten, erfolgt die Silbentrennung nach dem vorletzten, ob der vorletzte ausgesprochen wird, wie bei:

partir (par-tir), rester (res-ter), accent (ac-cent), somptueux (somp-tueux).

oder nicht:

chanter (chan-ter), sentir (sen-tir), sombre (som-bre), compter (comp-ter), descendre (des-cen-dre),

- bei Doppelkonsonanten, unabhängig davon, ob diese gelängt werden oder nicht (siehe später),

belle (bel-le), comme (com-me), jette (jet-te), steppe (step-pe), belladonne (bel-la-don-ne)

- bei Vokalen vor *n* oder *m* hängt die Aussprache ganz besonders von der Silbentrennung ab,

*p**lein*** [plɛ̃] ≠ *p**lei**-ne* [plɛ‿nə]
*p**lan*** [plɑ̃] ≠ *p**la**-ner* [pla‿ne]

- In manchen Wörtern folgen zwei Vokale aufeinander, die beide gesprochen werden sollen:

Noël (No‿ël), hier (hi‿er), haïr (ha‿ïr), nuée (nu‿ée), poète (po‿è-te), bohémien (bo‿hé-mien), obéir (o-bé‿ir)

Offene und geschlossene Silben

Nicht mit offenen und geschlossenen Vokalen verwechseln!

- Eine Silbe ist *offen*, wenn sie akustisch mit einem Vokal endet, auch wenn ein stummer Konsonant darauffolgt (dies ist besonders bei Nasalvokalen der Fall, da *n* und *m* lediglich die Nasalität des Vokals anzeigen).

Li-sa [li-za], *ai-mer* [ɛ-me], *chan-ter* [ʃɑ̃-te], *domp-teur* [dɔ̃-tœr], *en-cens* [ɑ̃‿sɑ̃]

- Eine Silbe ist *geschlossen*, wenn sie mit einem gesprochenen Konsonanten endet.

mer [mɛr], *sens* (Sinn / Richtung) [sɑ̃s], *bac* [bak], *sahib* [sa‿ib], *Cid* [sid], *rester* [rɛs‿te], *Bertha* [bɛr‿ta]

- Die Eigenschaft einer Silbe (offen oder geschlossen) kann die Aussprache eines Vokals beeinflussen.

merci (mer-ci) [mɛr‿si] ≠ *meringue (me-rin-gue)* [mə‿rɛ̃gə]

Geschlossene Silbe *mer-* bei *merci*→ [ɛ], offene Silbe *me-* bei *meringue* → [ə]

Feststehende Konsonantengruppen

Für eine korrekte Silbentrennung ist zu berücksichtigen, dass manche Konsonantengruppen als Phonem zusammengehören; sie dürfen nicht getrennt werden.

Konsonantengruppen, die einen Laut bilden

ch [ʃ] *(**ch**ez / ca-**ch**er)* oder [k] *(**ch**aos)* ; *ph* [f] *(nym-**ph**e)* ; *th* [t] *(ma-**th**é-ma-ti-que),*

seltener: *rh* [r] (***Rh**in*); *sc* [s] (***sc**eptre*) oder [sk] (***sc**ore*); *sch* [sk] (***sch**erzo*) oder [ʃ] (***sch**isme*)

Konsonantengruppen mit *l* oder *r*

bl (*ta-**bl**e*), *cl* (*so-**cl**e*), *fl* (*trè-**fl**e*), *gl* (*ai-**gl**e*), *kl* (***Kl**éber*), *pl* (***pl**us*),
br (*ar-**br**e*), *cr* (*â-**cr**e*), *dr* (***dr**oit*), *fr* (***fr**ais*), *gr* (*ti-**gr**e*), *kr* (***Kr**em-lin*)
pr (*a-**pr**ès*), *scr* (***scr**ibe*), *tr* (*â-**tr**e*), *vr* (*li-**vr**ée*).

Vereinzelt (in Wörtern fremder Herkunft)

*kh (**Kh**an), phl (**phl**eg-me), phr (**phr**a-se), pht (**pht**isie), ps (**Ps**yché),*
*sch (**sch**isme), schl (**schl**ague), schn (**schn**aps), scl (**scl**érose)*

Die Silbentrennung in den Noten

- Die Silbentrennung in Noten folgt den oben beschriebenen Regeln. Dennoch soll der Unkundige in manchen Fällen aufpassen, z. B. bei doppelten Konsonanten.

belle wird *bel-le* notiert, aber [bɛ-lə] gesungen (nur ein l)

- Dennoch gibt es Ausnahmen, wenn ein Doppelkonsonant gelängt wird.

belladonne wird ebenso notiert: *bel-la-do-ne*
aber das L wird gelängt [bɛl-la-dɔ-nə]

- Nasalvokale verlieren durch Verdoppelung des Nasalkonsonanten ihre Nasalität (Ausnahmen bei *-im*, s. Tab.)

flamme wird *flam-me* notiert, aber [f**la**-mə] gelesen und gesungen (und nicht [f**lɑ̃**-mə])

DIE ELISION

Die *Elision* ist das Wegfallen eines Phonems, in der Regel eines Vokals, in bestimmten Fällen.

- Der Vokal [ə] verschwindet vor einem Vokal oder einem *h muet* (s. später) und nur im Singular.

~~le~~ autel → *l'**au**tel* *~~le~~ hôtel* → *l'**hô**tel* beides: [lotɛl]

In der Umgangssprache verschwindet das Schwa heute so oft wie möglich, auch innerhalb eines Wortes.

Je te demande – Ich frage dich / Ich bitte dich Hochsprache: [ʒə‿tə‿də‿mɑ̃‿dᵊ] ≠ Alltag: [ʃtə‿dmɑ̃d]

In der Lyrik und im klassischen Gesang darf es nur am Ende eines Wortes geopfert werden.

- Der letzte gesprochene Konsonant verbindet sich mit der nächsten Silbe.

*il retour**ne**‿**au** pays* [il-rə-tur-**no**-pɛ-i]

N.B. Es ist wichtig, sich in Noten daran zu erinnern; dass das elidierte Schwa normal gedruckt wird.
In der Lyrik darf nur die Endung *-e* elidiert werden, weder *-es* beim Plural, noch *-ent* bei Verben.

DER HIAT (auch HIATUS genannt)

Der Hiat ist das Aufeinanderfolgen von zwei artikulierten Vokalen innerhalb eines Wortes oder zwischen zwei Wörtern. Es ergeben sich dann zwei Silben, auch wenn die zweite mit einem *aspirierten h* anfängt.
Der Hiat wird im Französischen im Normalfall *legato* und mit weichem Ansatz gesprochen und gesungen.

hier [i‿ɛr] (gestern) / *tu as* [ty‿a] (du hast) / *dehors* [də‿ɔr] (draußen) / *maison habitée* [mɛ-zõ‿a-bi-te] (bewohntes Haus)

DER DIPHTHONG

Ein Diphthong ist ein einheitlicher Laut, der aus zwei Vokalen besteht. Deutsch und Englisch kennen ihn gut. Deutsch hat drei: *ai* (*ei*), *au* und *eu* (*äu*). Diese werden so gebildet, dass der erste Vokal lang ist und der zweite kurz, z.B. *au* = [aːᵓ] wie bei *Traum*. Dies nennt man *absteigenden* Diphthong.

Phonetiker sind heute der Meinung, dass es im Französischen keine echten Diphthonge gibt. Man kann sich fragen, ob es bei den Endungen ***travail*** [aj], ***éveil*** [ɛj], ***œil*** oder ***seuil*** [œj], ob es sich um solche wie bei ***Brei*** [aj] oder ***Heu*** [ɔj] im D. handelt oder ob es sich um Semi-Konsonanten handelt [j]. (s. weiter)

Aber es ist in der Praxis hilfreich, die Verbindung mit [j], [w] oder [ɥ] vor Vokal als Diphthong zu behandeln.

In diesem Fall ist der erste Vokal so kurz wie möglich, der zweite Vokal länger: *steigender* Diphthong. Diese Vorstellung ist bei der für Ausländer schwierigen Aussprache mit [ɥ], besonders hilfreich.

lieu [ljø]	[j] entspricht einem sehr kurzen [i]
voix [vwa]	[w] entspricht einem sehr kurzen [u]
lui [lɥi]	[ɥ] entspricht einem sehr kurzen [y]

DIE LIAISON UND DIE KONSONANTISCHE BINDUNG

Diese Vorgänge betreffen die phonetische Verbindung zwischen den Wörtern.

Die *liaison* oder *Bindung* ist die Verbindung eines Wortes, das mit einem sonst stummen Konsonanten endet, mit dem vokalischen Anfang des nächsten Wortes. Ihre Handhabung ist komplex. Deshalb wird diesem besonderen Aspekt der französischen Sprache ein ganzes Kapitel gewidmet.

les‿arbres: *les* [lɛ] + *arbres* [ar-br^{ə}] → [l**ɛ‿z**ar-br^{ə}]

Man nennt es *konsonantische Bindung*, wenn einer der letzten Konsonanten gesprochen und mit dem nächsten Wort gebunden wird.

par‿exemple [pa‿**rɛ**-gzɑ̃pl^{ə} / *je par~~s~~‿**à** Paris* [ʒə-pa‿**ra**-pa-ri]

N.B. Das französische Wort *liaison* (Bindung) ist ins Deutsche weitgehend übernommen worden. Es wird in dem Buch weiter in seiner Originalform kursiv und klein geschrieben.

Phonetische Symbole der französischen Sprache nach dem IPA

IPA	FRANZÖSISCH	D / E / I / S
	VOKALE	
[i]	Mimi	mir/sich
[e]	thé	See
[ɛ]	lèvre	Lärche
[a]	ma	Mama
[ɑ]	âme	*Vater*
[ɔ]	or	moll
[o]	do	Dom
[u]	mou	Mut
[y]	tu	Tür
[ø]	peu / vœu	hören
[œ]	seul / cœur	können
[ə] ≈ [œ] [ə] etwas geschlossener	je / le / demeure	Liebe, lieben
	NASALVOKALE	
[ɑ̃]	en / an	---
[ɛ̃]	vin	---
[ɔ̃]	bon	---
[œ̃]	un / parfum	---
	HALBVOKALE / HALBKONSONANTEN	
[j]	fille / payer	ja
[ɥ]	lui	sehr kurzes ü
[w]	oui	E: we
	KONSONANTEN (1)	
[b]	belle	I: bella
[p]	papa	I: Papageno
[d]	dada	I: donna
[t]	tarte	I : tutti
[g]	gag	I : gala
[k]	carte / kaki / que	I : caro

IPA	FRANZÖSISCH	D / E / I / S
	KONSONANTEN (2)	
[gz]	exact (sehr stimmhaft)	*exakt*
[ks]	axe	Achse
[v]	va	was
[f]	faire / photo	von / Foto
[z]	rose / zèbre (sehr stimmhaft)	Rose
[s]	se / ce / ça / basse	Eis, Baß
[ʒ]	jour / page (sehr stimmhaft)	*Journal*
[ʃ]	chat	Schatz
[ʰ]	hop !	Halt !
[l]	lilas	lila
[R] / [r]	rire	reden
[m]	ma	Marmor
[n]	Nina	nein
[ɲ]	digne	I: gnocchi
	FREMDLAUTE	
[ŋ]	camping	singen
[x]	S: jota	Bach

Anmerkungen

Für diejenigen, die das IPA noch nicht kennen, wird es hier so einfach wie möglich dargestellt.

- Die französischen Laute sind mit kurzen, einfachen Wörtern illustriert.
- Der behandelte Laut ist immer dick gedruckt, einschließlich der Buchstaben, die dabei stumm bleiben.
- Wenn die deutsche Sprache (D) kein gültiges Beispiel bietet, gibt es mitunter englische (E), italienische (I) und spanische Beispiele: *song, pizza, tutti, gnocchi, jota.*
- *Kursiv* sind Fremdbeispiele (hauptsächlich deutsche), die der französischen Aussprache nur ungefähr entsprechen.
- Da die französischen Konsonanten p, t, und k nicht aspiriert sind, eignen sich zum Vergleich italienische Wörter besser.
- Die stimmhaften Konsonanten [v], [z] und [ʒ] sind im Französischen stimmhafter als im Deutschen.
- Die französische Sprache hat für einen Laut mehrere Schreibweisen. Nur die gängigsten werden hier angegeben.

DAS FRANZÖSISCHE ALPHABET UND SEINE AUSSPRACHE

	A [a]	B [be]	**C** [se]	D [de]	**E** [ø]	F [ɛf]	**G** [ʒe]	**H** [aʃ]	
I [i]	**J** [ʒi]	K [ka]	L [ɛl]	M [ɛm]	N [ɛn]	O [o]	P [pe]	**Q** [ky]	R [ɛr]
	S [ɛs]	T [te]	**U** [y]	**V** [ve]	**W** [dubləve]	X [iks]	**Y** [igrɛk]	**Z** [zɛd]	

Dick gedruckt und unterstrichen sind die Buchstaben, deren Aussprache sich von den deutschen grundsätzlich unterscheiden, woran wir uns schnell gewöhnen sollten, um Grundfehler zu vermeiden.

Die französischen Schreibweisen (Grapheme) und Schriftzeichen

DIE VOKALE

Hier werden nur die grundsätzlichen Aussprachen angegeben. Ausnahmen und Details werden in den Tabellen berücksichtigt.

Einfache Vokale

A	[a] oder [ɑ],	*la* ≠ *âme*
E	[ə] ≈ [œ] (*cœur*) immer, wenn allein in offener Silbe,	*le, relever, marbre* (nur wenn auskomponiert)
É	[e] immer	*été*, (eine einzige Ausnahme, s. Tabellen)
È / Ê	[ɛ]	*lève, fête*
I	[i] immer, ebenfalls î und ï	*Mimi, île, haïr*
	[j] vor Vokal	*rien, dernier, viande, lion* (s. Tab.)
O	[o] oder [ɔ]	*do* ≠ *sol*
U	[y] immer wie das deutsche *ü* = *Tür*	*turlututu*
Y	[i] immer, wenn allein in einer Silbe	*lyre*
	[j] zwischen zwei Vokalen = zwei [i]	*payer* (= *pai-ier* [pɛ-je]) (s. Tab.)

Feste Vokalzusammensetzungen, die einen Laut bilden

AI	[ɛ] oder [e]	*j'aime* ≠ *j'irai* (s. Tab.)
AOU	[u] oder [au]	*août* ≠ *Raoul* [ra-ul] (sehr seltene Schreibweise)
AU	[o] oder [ɔ]	*chaud* ≠ *aurore* (selten)
AY	[ɛ] selten, noch seltener zweisilbig	*Aymé*, (s. Tab.) ≠ *pays* [pɛ‿i]
EAU	[o] immer	*beau, château*
EI	[ɛ] immer	*reine, neige*
EU/ŒU	[œ] oder [ø]	*seul* ≠ *peu*
Œ	[e] oder [œ]	*Kœchlin* ≠ *Kœnig*
OU	[u] immer = übliche Schreibweise für [u]	*toujours*
OO	[u] oder [o] (sehr selten in Wörtern fremder Herkunft)	*igloo* ≠ *zoo*

Nasalvokale

Sie werden durch die Buchstaben ***n*** oder ***m*** gekennzeichnet, die immer stumm bleiben.

AN, EN, AM, EM, AON, AEN	[ɑ̃]	[a] nasal	*an, en, chambre, temple, faon, Caen*
IN, EIN, AIN, IM, EIM, AIM, EN nach I	[ɛ̃]	[ɛ] nasal	*vin, sein, pain, limbe, Reims, faim, rien*
ON, OM	[õ]	[o] nasal	*non, nom*
UN, UM	[œ̃]	[œ] nasal	*chacun, parfum*

Nasaldiphthonge

OIN/OUIN	[wɛ̃], kurzes [u], längeres [ɛ̃]	*loin, babouin* (selten!)
UIN	[ɥɛ̃], kurzes [y], längeres [ɛ̃]	*Juin* (extrem selten!)

Doppelte Vokale als „absteigender Diphthong"

OI	[wa] immer = kurzes [u], längeres [a]	*loi, moi, bois*
OUA	[wa]	*zouave* (sehr selten)
OUI	[wi] immer = kurzes [u], längeres [i]	*oui, fouine*
UI	[ɥi] immer = kurzes [y], längeres [i]	*lui, suivre*
	Unterscheiden!	*oui* [wi] ≠ *lui* [lɥi]

Sonderfall

U vor anderen Vokalen [a], [ɛ], [ɔ], [ɑ̃], [õ] wird in Wörterbüchern mit [ɥ] notiert (→ einsilbige Aussprache!). Dennoch sind im klassischen Gesang in den allermeisten Fällen zwei Noten komponiert.
Außerdem ist das ***u*** nicht selten der sinngebende Vokal (S. Kap. *Betonung*).

suave (köstlich) hat mit *süß* zu tun, *nuage* (Wolke) ist mit *nue* [ny] verwandt.

Einige Beispiele aus Liedern, in denen es der Fall ist: *salu-er, cru-el, Di-eu...*

Zwei aufeinanderfolgende Vokale, die zwei Silben bilden (Hiat)

- Wörter mit Trema, das Vokale voneinander trennt (s. weiter) *No-ël, ou-ïr*
- Isolierte Fälle nach A, E, I, O, U, AN, ON *cha-os, gé-ant, bo-a, Lé-a, Dru-on*

Einsilbig oder zweisilbig? Die Komposition oder das Versmaß entscheidet.

DIE KONSONANTEN

Einzelne Konsonanten

B	[b] / [p] / [-] als Endung	*robe, objet ≠ subtil ≠ plomb*
C	[s] / [k] / [-] stumm als Endung	*ceci, Cyr ≠ coca, cube, acte, clou, croix ≠ jonc*
Ç	[s] *c cédille* [sesedijə] nur vor *a, o, u*	*ça, leçon, reçu*
D	[d] / [t] bei *liaison* / [-] als Endung	*Didon ≠ quand il va ≠ fond*
F	[f] / [v] (Ausnahme) / [-]	*fille, chef ≠ neuf heures ≠ clef*
G	[ʒ] vor *e, i, y* / [g] vor *a, o, u*	*gel ≠ gaz*
H	[-] immer stumm, aber *h muet ≠ h aspiré*	*l'hôtel ≠* la *haine*
J	[ʒ] immer, etwa wie *Journal* im D., nur stimmhafter	*bonjour, jouer, jamais*
K	[k] immer	*kajak, kiwi*
L	[l] / [j] nach Vokal *i* / [-]	*lilas ≠ ail, veille ≠ gentil*
M	[m] / [-] als Schreibweise eines Nasalvokals	*maman ≠ champ ≠ automne* (Ausnahme)
N	[n] / [-] als Schreibweise eines Nasalvokals	*nana ≠ bon* [bõ]
P	[p] / [-] manchmal	*pipe ≠ champ, dompteur*
Q	[k] *nur* als Endung	*coq, cinq*
R	[r] / [R] / [-] als Endung nach *e*	*rire, cher ≠ aller, chanter, entier, papier*
S	[s] / [z] nur zwischen zwei Vokalen u. bei *liaison* / [-]	*sol, intense ≠ rose, les âmes ≠ dans, les*
T	[t] / [-] meistens stumm am Wortende	*tarte ≠ et, chant*
V	[v] immer, stimmhafter als das deutsche [v]	*vivre, vivier*
W	[w] / [v], nur in Fremdwörtern (s. Tabellen)	
X	[ks] / [gz] / [z] bei *liaison* / [-] als Endung	*taxi ≠ exil ≠ aux épis ≠ le houx*
Z	[z] / [-] als Endung / [dz] in Fremdwörtern	*zigzag, fez ≠ nez, allez ≠ Zeus, zingara*

Konsonantengruppen, die einen Laut (manchmal zwei) bilden

CH	[ʃ] wie SCH im D. oder [k] bei griech. Wörtern	*chose, tacher ≠ chaos, orchestre*
GN	[ɲ] etwa [nj] / [gn] selten, bei griech. Wörtern	*agneau ≠ gnome*
GU	[g] meistens / [gw] selten	*Guy ≠ Guadeloupe*
PH	[f] immer	*photo, éléphant*
QU	[k] meistens / [kw] Ausnahmen	*quelque ≠ quatuor*
SC	[s] vor *e, i, y* / [sk] vor *a, o, u*	*scène ≠ escalier*
SCH	[ʃ] oder [sk] nur bei Fremdwörtern	*schnaps ≠ scherzo*
SH	[ʃ] nur Fremdwörter / [z] sehr selten	*show, sherpa ≠ dés-honorer* (*liaison* innerhalb eines Wortes)

DIE DIAKRITISCHEN ZEICHEN

Diakritische Zeichen sind zusätzliche Zeichen, welche die Aussprache eines Buchstabens ändern können.

Die Akzente

- (´) **L´accent aigu** [aksɑ̃tεgy], der Akut (von rechts oben nach links unten) ist nur auf dem Buchstaben *e* zu finden, der dann – außer wenige Ausnahmen (s. Tabellen) – [e] gesprochen wird, wie *Seele, sehen.*

dé, né, fée, impératif, préférer, außer wenige Ausnahmen (s. Tabellen)

- (`) **L´accent grave** [laksɑ̃gravᵊ], der *Gravis* (von links nach unten rechts).
  - *e* als [ε] zu sprechen wie *hell* oder *Ähre.*

fière, mère, père, pénètre

  - *a* oder *ou* ändern sich phonetisch nicht

là, là-bas, déjà, voilà ; où (wo) ≠ *ou* (oder)

- (^) **L´accent circonflexe** [aksɑ̃sirkõflεxə], der *Zirkumflex* hat je nach Vokal verschiedene Auswirkungen
  - Vokal ***ê*** ist [ε] — *être, rêve, fête*
  - Vokal ***â*** ist [ɑ] — *âme, infâme*
  - Vokal ***ô*** ist [o] — *arôme, drôle, dôme*
  - Vokale ***î*** [i] / ***û*** [u] — *île = il / fût = fut,* keine Änderung

N.B. Der *Zirkumflex* erinnert meistens an ein verschwundenes Element, meistens aus dem Latein.

s bei *être* (esse), *fête* (festum), *île* (isola) // *âme* (anima)

Das Trema (¨) [trema]

Das *Trema* trennt Vokale voneinander und wird auf den zweiten gesetzt.

Noël [nɔ‿ɛl], *Loïc* [lɔ‿ik]

- Wie beim Hiat werden die beiden Vokale legato gesprochen und gesungen!
- Sonderfall

aiguë, exiguë, contiguë (weibl. Formen von Adjektiven, die mit *gu* enden) + *ciguë* (Schierling) [si‿gy]

Hier wird das *u* [y] gesprochen, das ***ë*** bleibt stumm, es sei denn, es ist auskomponiert; dann ist es ein [ə].

Die Cedille

Die *cédille* [sedij[ə]] ist ein Häkchen, das man nur unter dem Buchstaben ***c*** findet und dies nur vor den Vokalen *a, o* und *u.* Der Konsonant wird dann [s] statt [k] ausgesprochen.

ça [sa], *leçon* [lə‿sõ], *reçu* [rə‿sy]

Die Regeln, was, wann, wie ausgesprochen wird, werden ausführlich in den Tabellen erläutert (ab Seite 24).

DIE VOKALE

Ein Vokal ist ein Laut der durch Schwingung der Stimmlippen entsteht und ohne Hindernis nach außen strömt. Er kann so lange verlängert werden, wie der Atem reicht.
Die französische Hochsprache zählt 16 Vokale (17, wenn man [ə] dazu zählt), 12 (13) orale und 4 nasale. Ein Vokal kann mehrere Schreibweisen haben, wie wir bereits festgestellt haben.

Klassifizierung der Vokale

Wenn wir in der Reihenfolge die Kette [i-e-ɛ-a-ɑ-ɔ-o-u] sprechen, stellen wir fest, dass der Klang immer weiter nach hinten wandert. Daher gibt es:

- *vordere* oder *helle* Vokale [i], [e], [ɛ], [a]
- *hintere* oder *dunkle* Vokale [ɑ], [ɔ], [o], [u]
- *gemischte* Vokale [œ], [ə], [ø], [y], Mischung aus vorderen u. hinteren Vokalen (s. *Artikulation*)
- *offene* und *geschlossene* Vokale: [a] ≠ [ɑ] / [ɛ] ≠ [e] / [ɔ] ≠ [o] / [œ] ≠ [ø]
- *nasale* Vokale, die durch Einstellung des Gaumensegels entstehen.

N.B. [ə], das *e muet* (stummes e), fachlich *Schwa* – immer unbetont – klingt im Gesang nahezu wie [œ].

Aussprache eines Vokals

Im Französischen kann die Aussprache eines Vokals abhängig sein
- von seinem Platz im Wort (Anfang, Mitte, Ende),
- vielfach von den Konsonanten, die ihm folgen,
- von seiner Schreibweise in Verbindung mit anderen Vokalen (siehe *Schreibweisen*, S.14 u. Tabellen)

• So können verschiedene Schreibweisen den gleichen Klang haben.

[so]: *sot, seau, sceau, Sceaux, saut*
Dans la ville de Sceaux, il y avait un sot qui portait un seau orné d'un sceau.
Il fit un saut et tous les [so] *tombèrent !*

In der Stadt *Sceaux* gab es einen Dummen (*sot*), der einen mit einem Siegel (*sceau*) verzierten Eimer (*seau*) trug.
Er tat einen Sprung (*saut*) und alle [so] fielen hin!

• Vokalzusammenstellungen können „Diphthonge" bilden. (s.S.18)

• Manchmal werden zwei aufeinander folgende Vokale getrennt gesprochen (s. *Hiat* / *Trema*, S.18-19).
Im Gesang gibt es kein Problem, da die Partitur durch eine oder zwei komponierte Noten entscheidet.

Dieu (Gott), nur eine Silbe ≠ komponiert, sehr oft: *Di‿eu*

Man kann also sagen, dass ein Vokal *offen* oder *geschlossen*, *hell* oder *dunkel*, *vorne* oder *hinten* gesprochen wird. Dies sind verschiedene Termini für den selben Vorgang.
Regeln helfen zu erkennen, wie ein Vokal gelautet werden soll. Davon betroffen sind.

a, *o* und *e* sowie die Vokalpaare *ai*, *au*, *eu* und *œu* (s. Tabellen)

Die Vokallänge

Da das Legato allgemein als ein Charakteristikum der französischen Sprache betrachtet werden kann, sind die Vokale alle **tendenziell lang**. Dies gilt umso mehr im klassischen Gesang. Dennoch gibt es kürzere und längere Vokale.

- Ein langer Vokal wird normalerweise phonetisch mit zwei kleinen Triangeln markiert [ː]. Darauf wird in diesem Buch verzichtet, da die Länge von der Position eines Vokals innerhalb eines Wortes und im Gesang von seinem expressiven Gehalt abhängt. Sie ist nicht wie in anderen Sprachen festgelegt. Dennoch:
- Lang sind vor allem (cf. Léon Warnant, Introduction, S. LXXXII).

• Vokale in betonter Position vor einem Konsonanten. Es sind [ɑ], [o], [ø] und [ɑ̃], [ɛ̃], [ɔ̃], [œ̃].

âme [ɑ̃ːmᵊ], *chose* [ʃoːzᵊ], *heureuse* [œ‿røzᵊ], *chante* [ʃɑ̃ːtᵊ], *timbre* [tɛ̃ːbrᵊ] , *sombre* [sɔ̃ːbrᵊ], *humble* [œ̃ːblᵊ]

• Vokale, denen ein Schwa in der nächsten Silbe folgt, wenn ein Konsonant danach gesprochen wird.

porte [pɔːrtᵊ], *houle* [uːlᵊ]

• Vokale vor den Konsonanten [r], [z], [ʒ], [v] oder der Gruppe [vr]

tir, fort / muse, langoureuse / rage / suave / Louvre, œuvre

- Sonst sind Vokale in allen anderen Fällen grundsätzlich k(ü)rz(er)

Dieses Thema wird uns in den Kapiteln über Betonung und Artikulation wieder begegnen.

DIE KONSONANTEN

Ein Konsonant ist ein Laut, der – anders als ein Vokal – einen Verschluss zu öffnen hat, um sich den Weg nach außen zu bahnen; oder er ist das Ergebnis einer Reibung im Ansatzrohr, deren Dauer unbestimmt ist. Wie die lateinische Etymologie verrät, *son* (*sonare*) *kon* (*con*, mit), klingt der Konsonant *mit dem Vokal.* Die französische Sprache zählt 17 konsonantische Phoneme, 18, wenn man das Zungen-R dazu rechnet.

Klassifizierung der Konsonanten

Die Einordnung der Konsonanten berücksichtigt mehrere Elemente.

Aktivität der Stimmlippen

- Konsonanten sind stimmhaft, wenn die Stimmlippen mitschwingen.
- Sonst sind sie stimmlos. Dies kann man verifizieren, indem man den Finger ganz leicht auf den Kehlkopf legt, der dann vibriert oder nicht. Daraus ergeben sich Konsonantenpaare stimmlos/stimmhaft

[p] / [b]	[s] / [z]	[t] / [d]	[v] / [f]	[ʃ] / [ʒ]	[k] / [g]
pont / *bon*	*sève* / *zed*	*tant* / *dans*	*vent* / *fend*	*chaque* / *Jacques*	*quand* / *gant*

Artikulationspunkt

- *labial* mit beiden Lippen: [m], [p], [b]
- *labio-dental* Oberzähne auf der unteren Lippe: [f], [v]
- *dental* Zungenspitze gegen die oberen Schneidezähne: [t]/[d], [n]
- *apico-dental* Zungenspitze zwischen oberen Zähnen und Alveolen: [l], [r]
- *alveolar* an den Alveolen (gleich über den oberen Schneidezähnen): [s]/[z], [ʃ]/[ʒ], [ɲ]
- *alveo-palatal* zwischen Alveolen und hartem Gaumen: [k]/[g]
- *velar* am weichen Gaumen: [R], sog. Gaumen-R

Art der Konsonantenbildung

- *plosiv* komplette Schließung des Atemweges vor der Öffnung: [p], [b], [t], [d], [n], [m]
- *frikativ* Einengung im Atemweg, die zu einer Reibung führt

  [f] / [v] [s] / [z] [ʃ] / [ʒ]
- *nasal* Absenkung des Gaumensegels: [m], [n], [ɲ]

Akustische Assoziationen

- *Liquida* Liquida erinnern akustisch an Flüssiges: [l], [r] (Zungen-r)

Zusammenfassende Tabelle

Es gibt andere Klassifizierungsmodelle, differenziertere; dieses scheint uns relativ einfach und leicht verständlich.

Art der Artikulation		Artikulationspunkt					
plosiv		labial	labio-dental	apico-dental	alveolar	alveo-palatal	velar
stimmlos	oral	[p]		[t]		[k]	
	nasal						
stimmhaft	oral	[b]		[d]		[g]	
	nasal	[m]		[n]	[ɲ]		([ŋ])
frikativ							
stimmlos	oral		[f]		[s] / [ʃ]		([x])
stimmhaft	oral		[v]		[z] / [ʒ]		[R]
liquid				[l]	[r]		

Aussprache der Konsonanten im Text

Die Aussprache eines Konsonanten hängt ebenfalls von mehreren Faktoren ab.

- *von seinem Platz im Wort*, am Anfang oder am Ende einer Silbe oder eines Wortes,
- *von der Umgebung*, z.B. ***s*** zwischen zwei Vokalen / am Anlaut / zwischen Vokal und Konsonanten,
- *von der Herkunft des Wortes.*
  - Fremdwörter behalten nicht selten, zumindest teilweise ihre ursprüngliche Aussprache. Dies gilt insbesondere für Griechisch und Latein, aber auch für andere Sprachen wie Italienisch, Spanisch, Arabisch und heute Englisch, das man sich in Frankreich zunehmend bemüht, richtig auszusprechen.
  - Eigennamen folgen nicht immer den bekannten Regeln; man muss sich dann kundig machen.

- Viele Konsonanten bleiben stumm, vor allem am Ende eines Wortes Lex.

b	c	d	f	g	l	p	r	s	t	x
plomb	*croc*	*bord*	*clef*	*joug*	*gentil*	*loup*	*Roger*	*près*	*tant*	*eaux*

- Allen voran ***n*** und ***m*** bei Nasalvokalen!
- In der Gruppe ***ct*** kann *c* gesprochen werden, z.B. *compact* [kt], aber nicht bei *aspect* und *suspect* [-].
- In der Gruppe ***mpt*** kann *p* gesprochen werden oder nicht.

promptement [prõtəmɑ̃} ≠ *somptueux* [sõptɥø] Lex.

- Bei der *liaison* ändert sich die Aussprache einiger Konsonanten (s. Kap. *Liaison*).

Die Doppelkonsonanten

Die Aussprache von Doppelkonsonanten kann sich im Vergleich zu den einfachen ändern.
- ***ss*** wird immer [s] gesprochen, während ***s*** allein manchmal [z] gesprochen wird
- *cc* wird [ks] vor *e* und *i* gesprochen, aber [k] vor *a, o, u, l, r* (wie bei dem Buchstaben *c* allein)

[ks] *accent, accident, occire* ≠ [k] *impeccable, accord, accuser, accueillir, acclamer, accrocher*

- ***zz*** wird in manchen Wörtern italienischen oder spanischen Ursprungs [dz] gesprochen.

mezzo, mezzanine

- ***ll*** nach ***i*** wird manchmal [j] nach dem Vokal ***i***, aber immer nach *ai, ei, eui, œi, oui* gesprochen.

fille, quille; taille, treille, feuille, œil, rouille

aber [l] bei einzelnen Wörtern nach ***i*** Lex.

ville, tranquille

bei der Vorsilbe ***ill-*** wird es in der Hochsprache gelängt

illisible, illégal

- Generell öffnen Doppelkonsonanten den Vokal in der Silbe davor

rappeler [ə] ≠ *je rappelle* [ɛ] *jeter* [ə] ≠ je *jette* [ɛ] *le flot* [o] ≠ *la flotte* [ɔ]

- ***nn*** / ***mm*** annullieren den Nasalklang in der Vorsilbe

an [ɑ̃] ≠ ***an**née* [a] *Jean* [ɑ̃] ≠ *Jeanne* [a] ***don*** [õ] ≠ ***don**ner* [ɔ]

aber es gibt Ausnahmen. Vorsilben ***en-*** und ***em-*** = [ɑ̃] und bei ***im**manquable*, ***im**mangeable* [ɛ̃]

***em**mener*, ***en**nuyer* Ausnahme: ***en**nemi* [ɛ]

Längung eines Phonems, gémination

Im Allgemeinen werden doppelte Konsonanten im Französischen einfach gesprochen.

datte = *date* [t] *belle* = *bêle* [l] *barre* = *bar* [r]

Akustisch gibt es zwischen diesen Paaren keinen Unterschied.
Aber in der Hochsprache wird mancher Doppelkonsonant berücksichtigt. Man spricht dann von *Längung*
- in manchen Wörtern wie

allégresse, belladone, grammaire, sommet Lex.

- in Wörtern, die mit ***err-*** anfangen

errer, erreur Ausnahme: [r] *errement*

- bei den Vorsilben ***ill-, imm-, inn-, irr-.***

illettré, immense, inné, irréel Ausnahme: [n] *innocent*

- wenn der letztgesprochene Konsonant eines Wortes auf denselben Konsonanten im nächsten Wort trifft.

*cher **R**oger* [ʃɛr-rɔ-ʒe], *ma bonne **N**athalie* [ma-bɔn-na-ta-li]

il a dit [il-a-di]: er hat gesagt ≠ *il l'a dit* [il-la-di]: er hat es gesagt

le sort amène [lə-sɔr-amɛnə]: das freundliche Schicksal ≠ *le sort ramène* [lə-sɔr-ra-mɛnə]: das Schicksal bringt...zurück

- in manchen Formen der Verben *courir* (rennen) und *mourir* (sterben)

je courrai (ich werde rennen) / *je mourrais* (ich würde sterben)

- außerdem ist die *Längung* ein wichtiges Mittel, um die Ausdruckskraft einzelner Wörter zu steigern, vor allem in der Barockmusik, aber nicht nur dort.

terrible (schrecklich), *effrayant* (erschreckend), *affaiblir* (schwächen), *offenser* (beleidigen), *horreur* (Grauen), etc.

Der Buchstabe h

Der Buchstabe *h* im Französischen ist grundsätzlich stumm. Es gibt aber zwei verschiedene Arten:
- das *stumme h* (*h muet*) steht nur geschrieben, spielt phonetisch keine Rolle
- das *aspirierte h* (*h aspiré*) wird heute nicht mehr aspiriert, es verhindert aber eine *liaison* und zwingt zum Hiat. (Wiederholung)

ERLÄUTERUNGEN

Die Tabellenform soll das bereits Gesagte im Detail darstellen und gleichzeitig einen klaren und ausführlichen Überblick bieten. Ihr Ziel ist, bei Bedarf eine Aussprache schnell nachschlagen zu können.

- Die erste Tabelle nimmt sich die Klassifizierung nach der Schreibweise (Graphem) einzelner Buchstaben, bzw. Buchstabengruppen vor und beschreibt deren mögliche Aussprachen.
- Die zweite Tabelle geht von den Lauten (Phonemen) aus und stellt deren mögliche Schreibweisen vor.

Erste Tabelle

Zuerst werden die Vokale, dann die Konsonanten behandelt, beide Sparten alphabetisch geordnet.
Die Tabelle besteht aus vier Spalten.

- Die erste Spalte enthält das behandelte Schriftzeichen (Graphem).
- Mit Hilfe des IPA listet die zweite Spalte die verschiedenen möglichen Aussprachen desselben auf.

Wenn es möglich ist, wird zur Orientierung ein ähnlich lautendes deutsches Beispiel beigefügt. Manchmal wird auf eine andere Sprache (Italienisch, Englisch oder Spanisch) zurückgegriffen.

- Ist das fremde Beispiel in Anführungszeichen, stimmt der Vergleich nur annähernd.
- Die dritte Spalte erläutert die verschiedenen Regeln in der Reihenfolge ihrer Häufigkeit.
- Es werden möglichst viele Beispiele angegeben.
- Die letzte Spalte ist für Anmerkungen allerart vorgesehen (u.a. Ausnahmen und bemerkenswerte Fälle).

Zweite Tabelle

Sie hat nur drei Spalten.

- In der ersten Spalte befindet sich das IPA-Symbol eines Lauts (Phonem),
- in der zweiten werden die möglichen Schreibweisen angegeben,
- in der dritten die Ausnahmen und bemerkenswerten Fälle.

Die Tabelle ist „alphabetisch" geordnet, aber die Paare stimmhaft/stimmlos werden untereinandergestellt, z.B. [b] u. [p].

Notierungen

- Ein Minuszeichen nach einer Gruppe steht für eine Vorsilbe

  au- wie bei ***au**bade* oder ***au**rore*

- Das Minuszeichen vor einer Gruppe bedeutet eine Endung

  -ai wie bei *ir**ai*** oder *all**ai***

- Stumm bleibende Buchstaben – als zum behandelten Phonem gehörend – werden dick gedruckt und doppelt gestrichen (Wiederholung).

  *sourci**l*** [sursi] im Gegensatz zu *cil* [sil]

ERSTE TABELLE: DAS GRAPHEM UND SEINE MÖGLICHEN AUSSPRACHEN

DIE VOKALE

Buchstabe A

<table>
<tr><th>GRAPHEM</th><th>IPA</th><th>WANN?</th><th>ANMERKUNGEN</th></tr>
<tr><td rowspan="2">-a-</td><td>[a]
Bann</td><td>MEISTENS
- in offener Silbe, in allen Positionen:
a, amer, assez, année, papa, alla
image, dromadaire, rivage, visage
chat, rat, plat
abracadabra, charabia, Abraham
SELTEN
- Schreibweise à (accent grave / Gravis)
à, là, là-bas, voilà, holà !</td><td rowspan="2">MERKEN
- Im F. hat die Öffnung eines Vokals im Gegensatz zu D. mit dessen Länge nichts zu tun!
- Der Unterschied zwischen [a] und [ɑ] gibt es heute praktisch nicht mehr. Aber im klassischen Gesang bleibt sie wichtig bei der Schreibweise â (âme) u. bei las (müde).</td></tr>
<tr><td>[ɑ]
Bahn</td><td>IMMER
- â (mit Zirkumflex):
âge, âme, infâme, nous allâmes, pâmer, mât
MEISTENS
- vor einem s (heute verliert sich diese Regel):
bas, basse, hélas, las, pas, passe, vase, extase
EINZELFÄLLE
damner und Abl., gars [gɑ] Lex.</td></tr>
<tr><td rowspan="3">-ai-</td><td>[ɛ]
hell / Mähren</td><td>IMMER
- am Anfang und innerhalb eines Wortes:
aile, caisse, faire, daigner, haine ; allaiter, défaire
- bei den Endungen -aie, -aient, -aies, -ais, -ait, -aix:
baie, vraies, je vais, le faix, il fait, ils chantaient
MEISTENS
- am Ende eines Wortes (aber nie bei Verben):
vrai, mai, geai [ʒɛ]</td><td>MERKEN
- Das Verb payer (zahlen) kennt zwei Formen:
je paie [ɛ] und je paye [ɛj]
S. u. -ay-.</td></tr>
<tr><td>[e]
Seele</td><td>IMMER
- Endung -ai bei Verben (1. Pers. Sing.)
j´ai, j´irai, j´allai
EINZELFÄLLE
je sais (nur bei der 1. Pers. Sing.)
Substantive: quai, gai + Abl.(z.B. gaieté)
aigu + Abl.</td><td>MERKEN
- vor [e] oder [i] hat ai die Tendenz, sich zu schließen:
aimer, baiser, saisir
- Für Sänger kommt es auf den Fall an; mittlere Öffnung empfohlen, [ɛ] notiert.</td></tr>
<tr><td>[ə]
Schwa
Liebe</td><td>---</td><td>NUR EINZELFÄLLE
- manche Formen des Verbs faire vor [z] → [ə]
faisions, faisiez
- das Wort faisan [œ]</td></tr>
<tr><td>-ail-
-aill-</td><td>[aj]
Brei</td><td>IMMER
- Endung -ail,
ail, rail, sérail, travail
- -aill + Vokal, spricht sich ebenfalls [aj]:
ailleurs, caille, faillir, maillon, vaille, vaillant</td><td>MERKEN
bâiller [ɑ], nicht [a]</td></tr>
<tr><td>-ain-
-aim-</td><td>[ɛ̃]</td><td>IMMER
- wenn n oder m am Ende einer Silbe ist:
Ain, main, pain, plainte, sainte ;
daim, faim</td><td>MERKEN
- Dies gilt nicht, wenn die Nasalkonsonanten am Anfang der nächsten Silbe sind, dann [ɛ]:
nai-ne, plai-ne, ai-mer
- bei einer Liaison, auch [ɛ]
un certain‿ami</td></tr>
</table>

GRAPHEM	IPA	WANN?	ANMERKUNGEN
-an- -am- -aon- -aen-	[ɑ̃] *"Chance"* ohne [ŋs]!	IMMER - soweit der Konsonant am Ende der Silbe ist: *an, pan, amant, danse, marchant* *ample, rampe, chambre, champ, Adam* SEHR SELTEN *faon, Laon, paon, taon* - bei wenigen Orts- u. Eigennamen *Caen, Messiaen, Saint-Saëns* Lex.	EINZELFALL - *Jean* (kommt von *Jehan*)
	[a] Mann	IMMER - bei Verdoppelung des ***n***, bzw. ***m*** *année, panne ; gamme, gramme* SELTEN - bei ***mn*** (wenn beide Konsonanten gesprochen werden) *amnésie, amnistie, Amnéris*	MERKEN - *paonne* [panə] (weibliche Form von *paon*) - *ramdam, macadam* (m wird gesprochen) - *damner:* [dɑne] (s. a) (Erinnerung)
-aou-	[u] rufen	EXTREM SELTEN *saoul* [su], *saoule, saouler, saoulant* MANCHMAL - bei Eigennamen wie *Le Faou*	EINZELFALL Mit Zirkomflex *août* [u]
	[a‿u] ---	- Im Volkslied "*À la Mi-août*" *mi‿a‿oût* [mi-a-u] - In manchen Eigen- od. Ortsnamen, z.B. *Raoul, Chaource* [ʃa-urs] Lex.	---
-au-	[o] Rose	IMMER - in offener Silbe: *au, aube, automne, chaude,* *épaule, haute, Paule, saule* - als Endung, mit oder ohne stummen Konsonanten: *aux, il faut, canaux, chaud, Pau*	SONDERFÄLLE - *sauf, saur* (f und r werden gesprochen (s. u.), aber der Vokal ist trotzdem geschlossen!)
	[ɔ] noch	MANCHMAL - als Anfangssilbe, wobei auch [o] möglich ist: *aurore, augure, augmenter* aber auch *mauvais* Lex.	EINZELFALL - *Paul* [ɔ] ≠ *Paule* [o]
-ay-	[ɛj]	MEISTENS - vor Vokal: *rayer, payer, rayant, rayon* N.B. zwischen zwei Vokalen steht y für zwei i: ay = ai [ɛ] + i. *rayer* = *rai-ier* also [rɛ-je]	MERKEN - *bayer* [baje] und nicht [ɛ] - *payer* (*zahlen*) kann auf zweierlei Arten konjugiert werden: *je paye, payement, etc.* aber auch mit i statt y (s. o.).
	[ɛ] Fähre	SELTEN - in offener Silbe *je say* (mittelalterliche Form), *saynète, Orsay, Raymond*	
	[ɛ‿i]	EINZELFÄLLE *pays* [pɛ-i] u. Abl. (z. B. *paysage*), *abbaye* [a-bɛ-i] Vergl. y	- *pays* : heute Tendenz [pe-i], mittlere Öffnung im Gesang empfohlen: [ɛ]

Buchstabe E

GRAPHEM	IPA	WANN?	ANMERKUNGEN
-e-	[ə] spiel<u>e</u>n e muet od. Schwa Klingt wie [œ]	IMMER - in offener Silbe *le, ce, de, me, se, te, lever, élever, appeler, revenir, demander* - bei Endungen *-e, -es, -ent* (bei Verben), wenn sie Auskomponiert sind! Im Alltag bleiben diese Endungen heute stumm *voi**le**, voi**les*** (Pl.), *tu chant**es**, ils chant**ent*** EINZELFÄLLE - vor ss bei den Vorsilben **re-** und **de-** e müsste normalerweise [ɛ] gesprochen werden: *r<u>e</u>ssemer, r<u>e</u>ssembler, d<u>e</u>ssus, d<u>e</u>ssous* Lex.	AUSSPRACHE - klingt wie [œ], findet sich aber nur in <u>unbetonter</u> Stellung und wird im Alltag oft nicht gesprochen, daher der Ausdruck *e muet* (stummes e), zu Deutsch *unbetontes e* Fachausdruck: *Schwa*!
	[ɛ] Märchen	IMMER - in geschlossener Silbe, wenn der nachfolgende Konsonant gesprochen wird: *est* (Osten), *fier, ciel, bec, bref, fez, silex, chercher, rester* - Endung *-et* (mit Ausnahme des kleinen Wortes ***et*** (*und*), s.u.): *jet, galet, objet, projet* - ***-es*** in einsilbigen Wörtern (Bühnensprache + Kunstgesang) *les, des, mes, tes, ses, ces* MEISTENS - vor doppelten Konsonanten *belle, jette, cette, errer, liesse* - bei den Vorsilben *er-, es-* und *ex-*: *errer, erreur ; escalier, esquivé* *exister, exhaler, exciter, exil*	MERKEN - ***est*** [ɛst] (Ost) ≠ ***est*** [ɛ] (ist) - *les, mes, des, tes* sind heute fast nur noch geschlossen. Im Kunstgesang wird eine mittlere Öffnung empfohlen, die wir [ɛ̝] notieren. - *le* [lə] (Sing.) ≠ *les* [lɛ̝] (Pl.) Häufige Verwechslung! AUSNAHME - ***hennir:*** [e]
	[e] s<u>e</u>hen	IMMER - Endungen *-er* und *-ez*, wenn *z* und *r* <u>stumm</u> bleiben. *foyer, aller, vivier, guerrier ; allez, nez, chez* MEISTENS - bei Vorsilben vor den Doppelkonsonanten ***cc, ff, ss, ll*** *ecclésiastique, effacer, essai, ellipse* - bei der Vorsilbe ***des-*** vor ***c*** oder ***s*** *dessin, dessein, desserrer ; descendre, desceller* <u>Nicht</u> bei *dessus* und *dessous* (vergl. [ə]) SELTEN - in offener Silbe in lateinischen u. hebräischen Wörtern (vor allem in liturgischen Texten zu finden) *angelus, credo; alleluia*	MERKEN - ***et*** (*und*) = [e], nicht [ɛ].
	[-] ni**e**	IMMER - am Ende eines Wortes nach betontem Vokal, es sei denn, das Schwa ist auskomponiert *chanté**e**, allé**e**, proi**e**, tortu**e**, vi**es*** (Pl.), *voi**ent*** (Verbe) - mit ***g*** bildet ***e*** das Graphem *ge* für [ʒ] (*Jargon*) *g**e**ai, g**e**ôle, gag**e**ure* [gaʒyrə] MEISTENS - nach einem Vokal in offener Silbe *gai**e**té, dévou**e**ment, tu**e**ra, soi**e**rie, pai**e**ra* - zwischen Konsonanten und Vokal: *s'ass**e**oir, J**e**an, J**e**anne*	FÜR SÄNGER! - Meistens ist das Schwa in Gesangsstücken auskomponiert, es wird dann gesungen. *chanté-e, ravi-e* - Trifft bei einer einzigen Note ein e am Ende eines Wortes auf einen Vokal am Anfang des nächsten, dann verschwindet das -e. Es wird <u>Elision</u> genannt. *comm**e** une flamme…* [kɔ-**my**-nə-flamə] *Fauré, Le Secret*
	[a] fallen	SELTEN! - Bei Adverben mit Endung ***-emment*** *ardemment, récemment*	EINZELFÄLLE : *femme, solennel* (und Abl.)

GRAPHEM	IPA	WANN?	ANMERKUNGEN
-é-	[e] Meer	IMMER - auch im Plural oder bei weiblicher Endung *élever, dé, dés,* *agité, agités, agitée, agitées*	ANMERKUNG Früher wurde -é bei der Umstellung Verb/Subjekt geschlossen gesprochen. Dies ist heute eine ausschließlich literarische Form. Es wird daher empfohlen sie zu respektieren. *aimé-je, aimai-je* [e] ≠ *aimais-je* [ɛ]
	[ɛ] säen	SONDERFALL - Formen der Verben wie Endung *-éder, -éger, -érer,* etc. Vor e [ə] in der vorletzten Silbe *vous me protégerez* (Micaëla), *je ne céderai pas* /Carmen) In moderneren Editionen wird das *é* als *è* gedruckt. - oft vor einem Schwa wie bei *pécheresse, événement*	
-è- -ê-	[ɛ] Wärme	IMMER *lève, sève, achève, légère, grève* (Strand), *accès* *fête, bête, mêler, grêve* (Streik), *arrêt*	MERKEN - Italienische Wörter *lamento, portamento,* etc.
-ë-	[ɛ] *hell*	IMMER - Sogenanntes Trema (trennt die Vokale voneinander, Erinnerung). *Noël* [nɔ‿ɛl], *Joël, Micaëla*	AUSNAHMEN *Saint-Saëns* : [sɑ̃s] *Madame de Staël* : [a]
	[-]	SELTEN *aiguë* (weibl. Form v. *aigu* [ɛgy]), *ciguë* ***u*** bleibt [y], ohne Trema wäre es sonst [ɛgə] und [sigə]	ANMERKUNG - Das *ë* kann auskomponiert sein, dann [ə]: [e-gy-ə]
-eau-	[o] *Rose*	IMMER auch in der Pluralform mit ***x***: ***eau**, **beau**, bed**eau**, ann**eau**, chap**eau** ; **eaux**, b**eaux***	
-ei- -ey-	[ɛ] *Fähre*	IMMER - in offener Silbe *neige, veine, peine, eider* *Ney, Reynaldo* (Nur bei Eigennamen) - ***-ey*** bei Fremdwörtern als Endsilbe *jersey, Bey, jockey, poney, Dahomey* (heute Tendenz [e])	
	[ɛj] ---	IMMER - ***-eil*** als Endung *réveil, vieil, soleil, vermeil, pareil* - ***-eill-*** innerhalb eines Wortes *abeille, merveilleux, veillons, vermeille, vieilli*	MERKEN - ***eil*** nach ***cu*** als [***k***] = [œj] *recueil, cercueil* (s. ueil)
		SELTEN - ***ey*** vor Vokal : *seyant* - bei spanischen Wörtern und deutschen Namen: *Meyer*	
-ein- -eim-	[ɛ̃]	IMMER - auch vor stummen Konsonanten: *sein, plein, enceinte, peinture ;* *seins, ceint, teint ; Reims*	
-en- -em-	[ɑ̃] *« Chance »* (*ohne* [ŋ])	MEISTENS - in offener Silbe (*n* und *m* gelten hier nicht als Konsonanten!) *en, pente, menthe, sentir, lamenter ; encens, lent, vent* *sembler, trembler, ensemble; temps* - bei den Vorsilben ***en-*** oder ***em-*** vor ***n*** und ***m*** *ennui, enneiger; emmener, emmêler* - bei einzelnen Vorsilben ***en-*** vor Vokal: *enivrer (ivre), enorgueillir (orgueil)* Lex.	ERINNERUNG - Endung *-ent* bei Verben (3. Pers. Pl.) bleibt [ə] (s.o.) *ils chantent = il chante* AUSNAHMEN *ennemi* [e-nə-mi] *ancien‿ami* [ɑ̃-sjɛ-na-mi]

GRAPHEM	IPA	WANN?	ANMERKUNGEN
-en- -em-	[ɛ̃] ---	MEISTENS - bei den Endungen ***-ien*** (s. u. i) oder ***-yen*** (s. y) *tien, bien, maintien, Damien, Fabien;* *doyen, moyen* SELTEN - bei Eigen- und Ortsnamen *Benjamin, Bengale, Poulenc, Farrenc*	SELTEN - lateinische Wörter *mentor, examen* Lex. AUSNAHMEN - [ɛn] *Amen, Eden* - [ɛm] *idem, Bethléhem* Lex.
-eoi-	[wa]	NUR *asseoir* und *seoir* - nach ***g*** vor Vokal *nageoire, mangeoire*	
-eu-	[œ] schöpfen	IMMER - vor den Lauten [b], [f], [j], [l], [n], [p], [r], [v] *meuble, veuf, deuil, seul, jeune, peuple, heure, veuve,*	AUSNAHME *aveugle*: [œ] nicht [ø], s. u.
	[ø] öde	IMMER - vor den Lauten [d], [g], [ʒ], [k], [m], [s], [t], [z]: *Eude, beugler, Maubeuge, Polieucte, neume, Zeus, meute, Meuse* - bei der Vorsilbe ***eu-*** *eunuque, euphorie, euro, Euridice, Eustache* - bei den Endungen ***-eu, -eux, -eut, -eus*** *bleu, dieu, feu, jeu, peu ; eux, heureux, jeux ; peut, veut, bleus*	AUSNAHMEN - [ø] nicht [œ]: *meule, veule, jeûne* - ***r*** bleibt stumm: *Monsieur, Messieurs* - zwei Vokale bei: *bleuir* [blø-ir] (von *bleu*)
	[y] süß	EINZELFÄLLE ! - nur bei manchen Formen des Hilfsverbs *avoir* (haben) *eu, eues, eus, eûtes, eûmes, eussions,* etc.	MERKEN - gageure: nicht [œ], ***e*** ist Teil des Graphems [ʒ]!
-euil-	[œj]	IMMER - mit einem oder zwei l + Vokal *deuil, seuil ; feuille, feuillage, feuillu, effeuillons, veuille*	MERKEN (Wiederholung) *recueil, cercueil, cueille, orgueil* ***cu*** = [k], ***eil*** = [œj], nicht [ɛj]. N.B. Logisch wäre *recueuil*, es wurde auf das zweiten u verzichtet.

Buchstabe I

i, î, ï	[i] lila	IMMER - allein in offener oder geschlossener Silbe *si, mi, ami, amie, mis, mit, dicton, sixte ;* *île, gîte ; haïr, Héloïse*	SELTEN - *ï* = [j] *Aïe !* [aj], *aïeul* [ajœl], *aïeux, glaïeul*
-i + Vokal	[j] + Vokal Tja!	MEISTENS - [i] + Vokal bildet eine einzige Silbe *liasse* [ljasᵊ], *viande, bière, ciel, biologie, dieu, lion, tierce*	FRAGE - Eine oder zwei Silben? Für den Sänger kein Problem: die Noten entscheiden. *li‿en, Di‿eu, tri‿omphe*
	[i] + Vokal	MANCHMAL - Zweisilbig *riant* [ri-ɑ̃], *diamant, hier, plier, triomphe, sciure ;* *peuplier, étrier*	
-ien- ...	[jɛ̃]	IMMER - als Endung mit oder ohne Endkonsonanten *bien, mien, tien, Fabien, Damien ;* *viens, vient, sapiens*	EINZELFALL *païen* [pajɛ̃]
	[jɛ] jäten	IMMER - ***ie*** vor ***nn*** : *tienne, mienne, Sienne, Vienne, Fabienne*	*ancien‿ami* [ɑ̃‿sjɛ‿na‿mi] Wiederhohung)
	[jɑ̃]	MEISTENS - innerhalb eines Wortes u. vor stummem Konsonanten *science, fiente, patience, patienter* *patient, conscient*	MERKEN - In Noten kann es zweisilbig komponiert sein *pa‿ti‿en‿ce* EINZELFALL *faïence* [fajɑ̃sə]

GRAPHEM	IPA	WANN?	ANMERKUNGEN
-ien-	[jɑ̃]	MEISTENS - innerhalb eines Wortes u. vor stummem Konsonanten *science, fiente, patience, patienter* *patient, conscient*	MERKEN - In Noten kann es zweisilbig komponiert sein *pa‿ti‿en‿ce* EINZELFALL *faïence* [fajɑ̃sə]
	[i‿ɑ̃]	EINZELFALL *client* (zweisilbig) [kli‿ɑ̃]	
-il-	[il]	OFT - Endung *-il* oder *–ill* + Vokal : *cil, fil, vil ;* *ville, village, tranquille* Lex.	MERKEN - Endung *-ille*: [ilə] oder [ijə]? Dabei kann die lateinische Herkunft Hilfe leisten: *fille* > *filia* → [ij] *ville* > *villa* → [il] EINZELFÄLLE *Oïl* [ɔjl] *cil* [sil] (*Wimper*) aber *sourcil* [sursi] (*Augenbraue*)
	[ij]	- Gruppe *-ill* + Vokal *fille, vanille, scintiller, pillage, sillon* Lex.	
	[j]	- nach Vokal (***a***, ***e***, ***ou***, ***u***) (mit oder ohne doppeltem L): - in geschlossener Silbe *ail, vermeil, fenouil ;* - innerhalb eines Wortes (bei doppeltem L] *bailler, veille, rouille, juillet, cuiller* [kɥijɛʀ]	
	[ill]	MEISTENS - Vorsilbe ***ill-*** (Hochsprache!) *illuminer, illusion, illustre* Lex.	
	[-]	MANCHMAL - Als Endung : *gentil, fusil, grésil, outil, sourcil* Lex.	MERKEN (Wiederholung) *cil* ≠ *sourcil* *Wimper* ≠ *Augenbraue*
-ilh-	[j]	SELTEN - fast nur Eigennamen *Milhaud, Anouilh, Paladilhe;* *gentilhomme*	
-in- -im-	[ɛ̃]	IMMER - am Anfang, innerhalb und am Ende eines Wortes: *indigne, insigne; émincer, évincer; vin, fin, divin* *impossible, importer, guimbarde, limbe*	AUSNAHME Die Endung ***-im*** spricht sich [im]: *Tim, interim*
	[inn] [imm] *immer*	IMMER - als Vorsilbe vor ***n***, bzw. ***m*** (wird in HS gelängt!) *inné, innombrable* *immense, immonde, immuable*	AUSNAHMEN *innocent* (nur [n]) *immangeable, immanquable* [ɛ̃]

Buchstabe O

-o-	[ɔ] *moll*	IMMER - vor [b], [d], [g], [k], [f], [ʒ], [l], [m], [n], [p], [r], [s], [t], [v]: *robe, ode, vogue, coq, coque, offre, loge, sol, tome, bonnet, pope, or, écorce, bosse, noce, doter, notre, novembre* - vor doppelten Konsonanten *molle, bonne, donne, chaconne, horreur, bosse, botte*	AUSNAHMEN *fosse, grosse, atome* [o] nicht [ɔ], trotz ***ss*** ù. ***m***
	[o] *Moos*	IMMER - vor [z] *rose, morose, Berlioz* - mit Zirkumflex *alcôve, arôme, dôme, le nôtre* - als Endung mit oder ohne stummen Konsonanten *do, écho, Mikado; dos, pot, sot, dépot, galop*	SONDERFALL *trop* - [o] alleinstehend: *c´est trop!* - [ɔ] vor Adjektiv, Adverb oder Verb: *trop grand, trop vite,* *trop‿aimer*

GRAPHEM	IPA	WANN?	ANMERKUNGEN
-œ-	[e]	PRINZIPIELL selten, nur Hochsprache (HS) *œdème, Œdipe, Kœchlin* Lex.	·
-oë-	[ɔ‿ɛ]	SELTEN *Noël, Joël, Ploërmel, poëme* (veraltet, heute *poème*)	
-œil-	[œj]	SELTEN - nur wenige von *œil* (Auge) abgeleitete Wörter *œil, œillet, œillade*	
-œu-	[œ] *schöpfen*	MEISTENS - in offener Silbe oder vor hörbarem Konsonanten *œuvre, manœuvre ; cœur, chœur, sœur, œuf, bœuf*	MERKEN *œuf* (Ei), *bœuf* (Ochse), . Sing.: [œf] und [bœf] . Pl.: *bœu~~fs~~* [bø], *œu~~fs~~* [ø]
	[ø] *öde*	EINZELFALL - als Endung *vœu, vœux*	
-oi-	[wa]	IMMER - feststehende Schreibweise für Diphthong [wa] *moi, toi, soi ; sois, soit, soient, doigt,* *moisson, voisin*	AUSSPRACHE - [w] entspricht einem winzigen [u] vor dem Vokal [a] *(steigender Diphthong)*
-oï-	[ɔ‿i]	SELTEN *stoïque, celluloïd ; Héloïse, Loïc, Moïse*	AUSNAHME *Oïl* [ɔjl] einsilbig
-oin-	[wɛ̃]	IMMER *loin, foin, coin, soin, lointain* *point, moins, coing*	AUSSPRACHE - sehr kurzes [u] + langes [ɛ̃] *(steigender Diphthong)*
-on- -om-	[õ] *Jargon*	IMMER - in offener Silbe auch vor stummem Konsonanten *on, mon, ton, rotonde, sonde ; sont, long, rond* *ombre, sombre, tombe ; plomb, prompt, somptueux*	AUSSPRACHE - in der Regel wird *on* zu offen gesungen, deshalb die geschlossene Lautschrift.
	[ɔ] *Sonne*	IMMER - bei doppeltem *m* oder *n* *donne, somme* - vor Vokal bei *mon, ton, son* (HS, heute etwas geziert) *on‿a, mon‿ami, son‿amour* EINZELFÄLLE - mit Vorsilbe *bon-* oder *non-* vor Vokal oder *h muet*: *bonheur, bonhomme ; nonobstant, non-agression*	MERKEN - bei allen Wörtern mit *omni-*, werden *m* und *n* gesprochen. *omnibus, omniprésent* - *bon‿enfant* [ɔ] ≠ *bon' à rien* EINZELFALL [ə]: *Monsieur*
-oo-	[oo]	*zoologie* [zooloʒi]	
	[u]	*zoom, boom* (englische Herkunft)	
	[ɔ]	*alcool* [alkɔl]	
-ou + Vokal	[w] *pfui !*	MEISTENS - eine Silbe *oui, ouest, enfouir, couic! Louisette, ouate*	AUSSPRACHE - sehr kurzes [u] + langer Vokal *(steigender Diphthong)*
	[u] *Luise*	MANCHMAL - zwei Silben *louable, alouette, Louis* [lu-i], *jouons, jouir* *ouïe, Louÿs*	ERINNERUNG - Die Noten entscheiden, ob ein- oder zweisilbig.
-ouil-	[uj] *Halleluja*	IMMER - auch -ouill- + Vokal *fenouil; bouillir, brouillard, mouiller, souillon ; Anouilh*	
-oy-	[waj]	IMMER - innerhalb eines Wortes vor Vokal *voyage, broyer, voyez, soyons, voyou*	SELTEN - mittelalterliche Form *soy, voy* [wa] ohne [j]

Buchstabe U

GRAPHEM	IPA	WANN?	ANMERKUNGEN
-u-	[y] *Süden*	IMMER - französische Schreibweise für den Laut [y] *du, tu, dur, lumière, muse, mue, ramure, murmure, usure, voiture*	MERKEN - geschlossener als i. D.
	[ɥ]	PRINZIPIELL - Vor Vokal *fuir, puis, nuage, suave, suer, Suède,*	**MERKEN!** In Noten sind diese Wörter meistens zweisilbig komponiert.
	[-]	FAST IMMER STUMM - nach ***q*** und ***g***, (***g*** wird dann [g] gesprochen) *quatre, que, qui, quoi, quand, quel, barque gué, guet, bague, guère, guide, langueur, orgueil*	MERKEN - [ka] *quatre, quarante, quatrain* aber: [kwa] *quatuor, quadruple, quadragénaire* Lex. *quasi* in *Clair de lune*: Verlaine (s.S.38)
	[w] E: ***wide***	MANCHMAL - bei Wörtern, die mit der Zahl vier zu tun haben *quatuor, quadragénaire, quadruple* Lex. - bei Namen fremder Herkunft nach ***g*** und ***q*** *Guadeloupe, Guadalquivir* Lex.	
	[ɔ]	SELTEN - nur in lateinischen Wörtern bei der Endung ***-um*** *album, forum, decorum, quorum* [kɔrɔm]	
-ueil-	[œj]	SELTEN - nur nach ***c*** oder (noch seltener) ***g***: *cueillir* (und Abl.), *accueil, cercueil, recueil ; orgueil, Bourgueil*	MERKEN - Der Vokal *u* macht *c* zu [k] und *g* zu [g] Er wäre ebenfalls für den Laut [œ] notwendig (s. *euil*). Es gäbe dann *recueuil*. Auf das zweite *u* wurde offenbar verzichtet *recueil* [rəkœj]
	[ɥɛj]	SEHR SELTEN - Eigennamen: *Rueil* [ʀɥɛj]	
-ui-	[ɥi]	MEISTENS *lui, fuis, fuit, fuient, buis, puis, cuir, luisant, cuillère, juillet* EINZELFALL *aiguille* (und Abl.), kommt von *aigu* [ɛgy] → [ɛgɥijᵊ]	AUSSPRACHE - sehr kurzes [y], längeres [i], *(steigender Diphthong)* MERKEN sorgfältig unterscheiden *-ui-* [ɥi] ≠ *-oui-* [wi] *enfuir* ≠ *enfouir* (fliehen) ≠ (eingraben)
	[i]	FAST IMMER - nach ***g*** und ***q*** (siehe oben u) *guider, guise; qui, quitter*	
-uin-	[ɥɛ̃]	SELTEN *juin, chuinter, suinter*	AUSSPRACHE - sehr kurzes [y], langes [ɛ̃]
	[ɛ̃]	IMMER - nach ***q*** und ***g*** (hier gehört ***u*** zum Graphem von [g] u. [q]) *casaquin, coquin, quinte, guinguette, guingois*	
-un- -um-	[œ̃]	IMMER *un, aucun, chacun, brun; embrun, humble, parfum*	ANMERKUNG Der Nasalvokal [œ̃] verschwindet aus dem heutigen Französisch, seit Neuestem sogar offiziell. Im klassischen Gesang ist er dennoch wichtig.

GRAPHEM	IPA	WANN?	ANMERKUNGEN
-um	[ɔm]	SELTEN - Endung von Wörtern lateinischer Herkunft *album, forum* (s.o. *u*)	
-u + Vokal	[y] oder [ɥ]	Meistens zweisilbig - vor Oralvokal ***duo*** [dy‿o], ***suave, Suède, fluor*** - vor Nasalvokal ***suant, suint, suons, Druon***	

Buchstabe Y

-y-	[i]	IMMER - allein in einer offenen Silbe *y, gypaète, xylophone, Yves, Chypre* EINZELFÄLLE - Endung ***-ay*** vor stummem Vokal, bzw. Konsonanten: *abbaye* [a‿bɛ‿i‿ᵊ], *pays* [pɛ‿i]	ERINNERUNG (s. ay) . zwischen Vokalen steht y in der Regel für zwei i, wobei das erste sich mit dem ersten Vokal verbindet, während das zweite in der Regel zum [j] wird, wenn ein gesprochener Vokal darauffolgt. *payer = **pai-ier*** [pɛ-je] SONDERFALL *abbaye = a-**bai-i-**ᵉ* [a‿bɛ‿iᵊ]
	[j]	IMMER - zwischen Vokalen: *payer (pai-ier), seyant (sei-iant), soyez (soi-iez), fuyez (fui-iez), bruyant (brui-iant)*	
-yn- -ym-	[ɛ̃]	IMMER - wie bei ***-in-*** oder ***-im-*** (Wörter griechischer Herkunft): *lynx, sphynx, larynx* *lymphe, nymphe, thym*	
	[i]	SELTEN - ***-ym-*** vor ***n***: (Wörter griechischer Herkunft) *hymne, gymnase* [-imn-]	

DIE KONSONANTEN

Buchstabe B

GRAPHEM	IPA	WANN?	ANMERKUNGEN
-b-	[b] A**b**end	IMMER - am Anfang einer Silbe *bonjour, bonheur, robe, sobre, baobab* - am Ende einer Silbe vor stimmhaftem Konsonanten *objet, abdiquer, abjurer* OFT - am Ende fremder Wörter *baobab, nabab, club* [klœb], *snob*	AUSSPRACHE - auch am Wortanfang sehr stimmhaft.
	[p]	IMMER - am Ende einer Silbe vor stimmlosem Konsonanten *absent, absolu, obscur, subtil, nonobstant, Absalon*	AUSNAHME - *subsister* [sy**bz**iste], Analogie mit *exister* [ɛg**z**iste] - *subsididiaire* [sy**bz**idiɛrə [sp] auch möglich
	[-]	SELTEN - als Endkonsonant in einzelnen Wörtern *plom~~b~~, Dou~~bs~~* Lex.	

Buchstabe C

-c-	[k] Keller *nicht aspiriert.*	IMMER - vor ***a, o, u. l, r*** *und vor* ***t*** *car, encore, faucon, cure, chacun, clé, croix, acte…* MEISTENS - als Endkonsonant und in einer geschlossenen Silbe *sac, bec, sec, soc, tic, suc ; concocter, docteur* Lex.	SPEZIALFALL *donc̲* - nur am Anfang eines Satzes oder Nebensatzes, wenn es um eine Schlussfolgerung geht: *Je pense, donc je suis.* *(Ich denke, <u>also</u> bin ich)* - Vor Vokal: *J´irai donc‿à la gare.* *(Ich werde also zum Bahnhof gehen)* - In der <u>Hochsprache</u> bleibt ***c*** in allen anderen Fällen stumm. *Où don~~c~~ les vents l´ont-ils chassé ?* *Romance*, Bourget /Debussy, *Viens don~~c~~!* *Allons don~~c~~!* *Si ce n´est toi, c´est don~~c~~ ton frère* *Le Loup et l´Agneau,* J. de la Fontaine
	[s] Los	IMMER - vor ***e, i*** und ***y*** : *ce, cela, cent, ceux ; larcin, voici, ciel ; cygne, Cythère*	
	[g]	EINZELFALL *seconde, second* + Abl.	
	[-]	SELTEN - als Endkonsonant : *accro~~c~~, cro~~c~~, bro~~c~~, ajon~~c~~, taba~~c~~, estoma~~c~~* Lex.	
	[tʃ] Kutsche	NUR - in italienischen Wörtern *Quatrocento, Cenerentola, Cellini, Pulcinella*	
-cc-	[k] Koch *nicht aspiriert*	IMMER - vor ***a, o, u*** *occasion, accabler, accord, accueil, occuper, succomber*	
	[ks] Achse	IMMER - vor ***e, i, y*** *accès, accent, succès, accident, occire, succin, coccyx*	
	[tʃ] Kutsche	SELTEN - bei italienischen Wörtern vor ***-i-***: *capriccio* [kapʀitʃo], *carpaccio* [kaʀpatʃo] *Ricci, Carducci*	
-ç- *C cédille*	[s] lassen	IMMER - nur vor ***a, o, u*** zu finden *çà, français, façon, reçu*	ERINNERUNG *C cédille* [sesedijə]

GRAPHEM	IPA	WANN?	ANMERKUNGEN
-ch-	[ʃ] **Sch**uh	MEISTENS - französische Schreibweise für [ʃ] *cha**t**, **ch**eval, **ch**ez, mar**ch**er, **ch**ose, A**ch**ille, **Ch**érubin*	MERKEN - [tʃ] in import. engl. Wörtern ***ch**eese, coa**ch***
	[k] **Ch**or	SELTEN - Wörter u. Namen griech., ital., hebräisch. Herkunft *ar**ch**ange, é**ch**o, **ch**aos, **ch**œur, or**ch**estre* ***Ch**ronos, **Ch**rist, Ma**ch**iavel, Jeri**ch**o* - Endung deutscher Namen oder deutscher Herkunft *Kleinsa**ch**, Offenba**ch** , Muni**ch**, Muni**ch**ois* Lex. - Französische Namen (sehr selten) *La Péri**ch**ole* Lex.	AUSNAHME *almana~~ch~~* (*ch* bleibt stumm)
-ct-	[kt]	IMMER - innerhalb eines Wortes *respe**ct**er, a**ct**e, se**ct**e, di**ct**er, do**ct**eur, fru**ct**ifier, san**ct**ifier* MANCHMAL - am Ende eines Wortes *ta**ct**, inta**ct**, corre**ct**, obje**ct**, stri**ct**, Bénédi**ct*** Lex.	ANMERKUNG - Als Endung kann ***ct*** in wenigen Wörtern stumm sein, oder nicht. ***exact*** und ***suspect*** [ɛgza] [syspɛ] oder [ɛgzakt] [syspɛkt]
	[-]	MANCHMAL - am Ende eines Wortes, vor allem nach ***e*** *respe~~ct~~, aspe~~ct~~, suspe~~ct~~* Lex.	

Buchstabe D

-d-	[d] A**d**e	IMMER - am Anfang einer Silbe ***d**e, **d**u, **d**e**d**ans, **d**ent, **d**oré, a**d**oré, mor**d**re* SELTEN - als Endung in Wörtern fremder Herkunft *djeha**d**, oue**d**, le Ci**d*** Lex.	AUSSPRACHE - sehr dental, trocken, sehr stimmhaft in allen Positionen.
	[t] I: tanto	SELTEN - nur bei der *Liaison* *un gran**d**‿homme, un gran**d**‿arbre, quan**d**‿il eut achevé*	
	[-]	IMMER - als Endung in französischen Namen und Wörtern *bor~~d~~, chau~~d~~, gran~~d~~, lour~~d~~, pon~~d~~, quan~~d~~, ron~~d~~, Gouno~~d~~*	

Buchstabe F

-f-	[f] **F**enster	MEISTENS ***f**aire, **f**ond, **f**ace, **f**olie, e**ff**et, en**f**er,* - als Endung *che**f**, relie**f**, œu**f**, bœu**f***	MERKEN - [f] *neu**f**‿éléphants, le neu**f**‿avril*
	[v] be**w**ahren	SEHR SELTEN! - nur bei der *Liaison* mit *neuf* (neun) in einigen Fällen *neu**f**‿ans, neu**f**‿hommes, neu**f**‿heures* Lex.	
	[-]	SELTEN - stumm am Ende einiger Wörter *cle~~f~~, cer~~f~~, ser~~f~~, ner~~f~~, che~~f~~-d'œuvre* [ʃɛdœvrᵊ] Lex. - bei der Pluralform von *œuf* und *bœuf*: *œu~~fs~~* [ø], *bœu~~fs~~* [ø]	

Buchstabe G

GRAPHEM	IPA	WANN?	ANMERKUNGEN
-g-	[ʒ] *„Journal“*	IMMER - vor ***e***, ***i*** und ***y*** *génie, léger, large* *givre, magique ; gypaète* - Graphem ***ge*** vor ***a***, ***o***, ***u*** → [ʒ] *songea, Georges, gageure*	AUSSPRACHE - stimmhafter als im D.
	[g] Garten	IMMER - vor ***a***, ***o***, ***u*** und den Konsonanten ***l*** und ***r*** *gare, aigu, goût ; glace, glisser ;* *gros, grâce, gris* - Graphem ***gu*** vor ***e***, ***i***, ***y*** → [g] *bague, gigue*	---
	[dʒ] E: *gin*	SELTEN - englische und italienische Wörter vor ***e***, ***u***, ***i*** *gentleman, gin* *gelato, Gino, Giovanni*	---
	[k] *blank*	SELTEN - nur bei *liaison* *sang‿impur, un long‿été*	ANMERKUNG - Diese Regel wird zunehmend ignoriert. Im Barock und in der Klassik sollte man sie aber noch (diskret) berücksichtigen.
	[-]	FAST IMMER - stumm am Ende französischer Wörter *bour~~g~~, doi~~gt~~, étan~~g~~, jou~~g~~, lon~~g~~, poin~~g~~, san~~g~~,* - in wenigen mit *long* zusammengesetzten Wörtern *lon~~g~~temps, Lon~~g~~champ*	---
-gg-	[gʒ]	SEHR SELTEN *suggérer* und Abl.	MERKEN Die Aussprache hängt vom folgenden Vokal ab. [gʒ] vor ***e***, ***i***, ***y*** [g] vor ***a***, ***o***, ***u***, auch ***l*** und ***r***
	[g]	SELTEN *agglomération, agglutiner, aggraver*	
-gn-	[ɲ] It: **gn**occhi	MEISTENS *agneau, bagne, cygne, signe, gnole, gnocchi*	AUSSPRACHE - etwa wie [nj]
	[gn] sta**gn**ieren	SELTEN - Wörter griechischer oder anderer Herkunft: *gnome, diagnostic, stagner, gnou* Lex.	

Buchstabe H

-h-	[-]	MEISTENS - *h muet* („stummes h“) hat keinerlei Auswirkung auf die Lautung *l'~~h~~ôtel, les‿~~h~~ôtels, ~~h~~ésiter, j'~~h~~ésite,* *l'~~h~~omme, cet‿~~h~~omme* - Am Ende eines Wortes, meist fremder Herkunft *a~~h~~! Sha~~h~~, Jéhova~~h~~, Alla~~h~~*	H MUET - Erinnerung - Beim *h muet* verhält es sich wie bei einem Vokal: Sing.: *l'autel, l'hôtel* Pl. : *les‿autels, les‿hôtels*
		SELTENER - *h aspiré* („aspiriertes h“) bleibt stumm, trennt aber von der Silbe davor und verbietet eine *liaison* *je'hais* [ʒə-ɛ], *nous'haïssons, les'halliers, un grand'héros* - auch innerhalb eines Wortes zwischen Vokalen *dehors* [də‿ɔr], *ahuri* [a‿y‿ri]	AUSSPRACHE - Der entstehende *Hiat* wird Legato gesungen! *nous haïssons* [nu‿a‿i‿sõ] *un grand héros* [œ̃‿grɑ̃‿e‿ro] MERKEN - Siehe Liste einiger Wörter mit *aspiriertem h*
	[ʰ] *Halt!*	EVENTUELL - bei Ausrufen möglich *hélas! holà! hop! hue! halte!*	

Buchstabe J

GRAPHEM	IPA	WANN?	ANMERKUNGEN
-j-	[ʒ] *"Journal"*	IMMER - in französischen Wörtern *je, jeu, joie, jour, jamais, jaune, ajonc, Jean, ajourner* OFT - in Namen hebräischer Herkunft *Jésus, Jéhovah, Jézabel*	AUSSPRACHE - stimmhafter als im D.
	[j] ja	SELTEN - in deutschen oder hebräischen Wörtern *Junker, Jahvé* [jave] auch *Yahvé* Lex.	
	[dʒ] I.: **gi**oia	HÄUFIGER - in engl. und sonstigen Fremdwörtern *jeep, jazz, John, James;* *rajah* (*Lakmé* von Léo Delibes) Lex.	
	[x] Ba**ch**	SELTEN - in spanischen Wörtern *jota, jaléo, navaja* (Carmen)	

Buchstabe K

-k-	[k] It.: **c**aro	IMMER - nur bei Wörtern fremder Herkunft ***k**a**k**i, **k**imono, **k**iwi, mi**k**ado*	
	[x] A**ch**!	SEHR SELTEN - in arabischen Wörtern ***kh**amsin*	MERKEN - L. Warnant schlägt [k] vor.

Buchstabe L

-l-	[l] Lila	IN DER REGEL - am Anfang, innerhalb und am Ende einer Silbe *le, la, il ; lilas, alors, ciel, bal, vol, belvédère*	ERINNERUNG - *-il* und *-ill-* - *cil* ≠ *sourcil* MERKEN *les fils* ≠ *les fils* [lɛ-fis] ≠ [lɛ-fil] die Söhne ≠ die Fäden
	[j] ja	IMMER - nach ***i***, ***-il*** oder ***-ill*** nach Vokal - (vergl. ill-) *ail, réveil, recueil* *faille, réveiller, rouiller, cueillir*	
	[-]	SELTEN - stumm am Ende mancher Wörter nach ***i*** *fusil, gentil, grésil, outil, persil, sourcil, fils* (Sohn) Lex.	AUCH [su]: *saoul* oder *soûl*
-ll-	[l] Lila	MEISTENS - nach den meisten Oralvokalen *aller, elle, belle, balle, folle, pull-over* [pylover] MANCHMAL - nach ***i*** *ville, tranquille ; Villon* Lex.	MERKEN - Lateinische Herkunft kann Auskunft geben, ob [l] od. [j]. *villa* < *ville* ≠ *filia* < *fille* - Villon, François: Dichter [vijõ], manchmal [vilõ] - Villon, Jacques: Maler [j] (s. Poulenc, *Le Travail du Peintre*)
	[j]	- nach ***i*** *fille, famille, Camille* Lex.	
	[ll] It.: mi**ll**e	HOCHSPRACHE - bei der Vorsilbe ***il-*** vor ***l*** *illustre, illuminé, illisible* - in einzelnen Wörtern und Eigennamen *belladonne, alléger, halluciné, libellule, syllabe, villa, Stella* Lex.	

GRAPHEM	IPA	WANN?	ANMERKUNGEN
-lh-	[j] **J**a	SELTEN - nach einem i innerhalb oder am Ende eines Wortes *genti**lh**omme, Mi**lh**aud, Anoui**lh**, Paladi**lh**e* Lex.	
-lt	[-]	SELTEN - nur nach *au* am Ende von Eigennamen *Renau**lt**, Meursau**lt**, Chatellerau**lt*** Lex.	EINZELFALL - *moult* = [mult] Mittelalterliches Wort für *viel* (multi)

Buchstabe M

-m-	[m] **M**al	IMMER - am Anfang einer Silbe ***m**er, **m**ais, da**m**e, **m**a**m**an, lu**m**ière* - am Ende eines Wortes fremder Herkunft *ide**m**, requie**m**, albu**m**, hare**m**, Bethlée**m**, Jérusale**m***	
	[-]	IMMER - als Teil des Graphems eines Nasalvokals *a**m**bre, no**m**, se**m**ble, ti**m**bre,* *hu**m**ble, ly**m**phe, fai**m**, pro**m**pt*	MERKEN - Die Schreibweise ***m*** (stumm) findet man dann nur vor den Konsonanten ***b***, ***p*** und ***m***.
-mm-	[m] Da**m**e	MEISTENS - innerhalb eines Wortes. Der Vokal davor wird nicht nasaliert *co**mm**e, fla**mm**e, ge**mm**e, Ji**mm**y, ho**mm**age* Vorsilbe [ɑ̃]: *e**mm**ener, e**mm**êler, e**mm**urer* Vorsilbe [ɛ̃]: *i**mm**angeable, i**mm**anquable, i**mm**ariable.*	EMPFEHLUNG - ***em-*** u. ***im-*** konsultieren
	[mm] It.: gia**mm**ai	HOCHSPRACHE - Vorsilbe ***im-*** [im], das ***m*** wird gelängt *i**mm**ense, i**mm**aculé, i**mm**atériel,* *i**mm**onde, i**mm**obile* EINZELFÄLLE *gra**mm**aire, so**mm**et, so**mm**aire, E**mm**a* Lex.	ANMERKUNG - Endungen (Adverbe) *-a**mm**ent, -e**mm**ent* *mécha**mm**ent, arde**mm**ent* Diese Aussprache war bei klassisch ausgebildeten Schauspielern u. in manchen gesellschaftlichen Kreisen üblich.
-mn-	[mn] *O**mn**ibus*	MEISTENS *calo**mn**ie, hy**mn**e, o**mn**ibus, so**mn**ambule, so**mn**oler*	ERINNERUNG - s. auch ***-omn-*** / ***-ymn-***
	[n] *Ba**n**ane*	EINZELFÄLLE - ***m*** spielt phonetisch keine Rolle und bleibt stumm: *auto**mn**e* [otɔnə], *da**mn**er* [dɑne] und Abl.	

Buchstabe N

-n-	[n] **n**e**nn**e**n**	MEISTENS - am Anfang einer Silbe ***n**a**n**a, **n**e, **n**i, **n**oce, **n**om, **n**on, domi**n**er*	
	[-]	IMMER - als Graphem eines Nasalvokals *a**n**, e**n**, o**n**de, vi**n**, u**n**, ly**n**x, pei**n**dre* - auch vor stummen Konsonanten *bo**nd**, da**ns**, cha**nt**, ra**ng**, e**n**ce**ns**, crai**nt***	ERINNERUNG - bei Nasalvokalen bleiben ***n*** und ***m*** absolut stumm.
-nh-	[n]	SELTEN - ***n*** wird gesprochen, der Vokal davor verliert seine Nasalität *bo**nh**eur* [bɔ‿nœr], *bo**nh**omme, i**nh**umain* [i‿ny‿mɛ̃] Beide Konsonanten gehören zu verschiedenen Silben.	

GRAPHEM	IPA	WANN?	ANMERKUNGEN
-nn-	[n]	MEISTENS - Der Vokal davor verliert seine Nasalität *année, antenne, donne, Jeanne, nenni, Anne* MERKEN - Die Vorsilbe ***en-*** bleibt in der Regel nasal [ɑ̃], wenn sie das Versetzen in einen bestimmten Zustand beschreibt: *en-neiger = ein-schneien* *enneiger, ennui, ennuager* (s. *en-*) Lex.	AUSNAHME [e] *ennemi*
	[nn]	HOCHSPRACHE - Vorsilbe ***in-*** verliert ihre Nasalität [in] Das ***nn*** wird in der HS gelängt (vergl. *il-, im-, ir-*) *inné, innommable, innombrable*	AUSNAHME - [n] *innocent* [inɔsɑ̃]

Buchstabe P

-p-	[p] It.: **Pap**ageno	IMMER - als Anfang einer Silbe *pas, plus, papa, près, pur, pont, perdre, perpétuel* - als Doppelkonsonant *frapper, trappe, Philippe.* MANCHMAL - vor dem Konsonanten ***t*** *apte, capter, opter, septembre, somptueux, septuor* Lex.	AUSSPRACHE - nicht aspiriert! MERKEN - Manchmal wird zwischen ***om*** und ***t*** das ***p*** gesprochen, manchmal nicht : *dompteur* ≠ *somptueux* [dõtœr] ≠ [sõptyø] Lex.
	[-]	MEISTENS - am Ende eines Wortes *champ, trop, temps, sirop, galop, corps* Lex.	
-ph-	[f] Elefant	IMMER *éléphant, phantasme, pharaon, phare, phénix, phrase, phlegma, Sophie*	
-pt-	[-]	MANCHMAL - vor dem Konsonanten ***t*** *compte, dompteur, baptême, exempt* *sept* (s. nächste Spalte)	MERKEN - *sept (sieben)* ***p*** bleibt stumm in *sept* und *septième*, sonst wird es gesprochen *septembre, septentrion, septette* Lex
	[pt]	SELTEN *somptueux, rédempteur*	

Buchstabe Q

-q-	[k] nicht aspiriert	IMMER, aber extrem selten als Endkonsonant in wenigen Wörtern *cinq, coq, Chantecoq*	
-qu-	[k] nicht aspiriert	IMMER - in französischen Wörtern *qui, que, quand, quitter, quelque, quiconque* MANCHMAL - in Wörtern lateinischen Ursprungs *quiproquo, quo vadis, quasi** (s. Anmerk.) EINZELFALL *piqûre* [pikyrə]	MERKEN - ***quatre*** u. abgeleitete Wörter . manchmal [k] *quatre, quatorze* . manchmal [kw] *quatuor, quadragénaire* Lex. - ***quasi*** Bei *Clair de lune* (Fauré, Debussy, …) habe sich Verlaine wegen eines reicheren Reims (*quasi / choisi* [wazi]) die lateinische Aussprache gewünscht, die damals allerdings nicht üblich war: [kwazi] (cf. François Leroux).
	[kw] It.: a**qu**a	MANCHMAL - in Wörtern lateinischer und ausländischer Herkunft *aquarelle, quatrocento, quadragénaire, quaker* Lex.	

Buchstabe R

GRAPHEM	IPA	WANN?	ANMERKUNGEN
-r-	[r] Zungen r [ʀ] Gaumen R rund	IMMER - am Anfang einer Silbe *ras, rêve, rire, rare, péril* - nach Konsonanten in einer Silbe *paître, cendre, ogre, ombre* - am Ende einer geschlossenen Silbe innerhalb eines Wortes *partout, perdre, tertre, pire, porte, surtout* - am Ende eines Wortes *bar, cor, dur, tir, Saint-Cyr* - beim Infinitiv der Verben mit Endung ***-ir*** und **-oir** *sentir, partir, périr ;* *voir, vouloir, asseoir* - vor einem stummen Konsonanten am Wortende *toujours, tors, vers, envers, revers ;* *bord, tort, vert, corps* - als Doppelkonsonant *barre, arrêt, terre* OFT - bei manchen Endsilben nach dem Vokal ***e***: *amer, cher, fier, hier, enfer* Lex.	AUSSPRACHE - Zungen- *oder* Gaumen-R ? S. Kap. ARTIKULATION
	[-]	IMMER Endung ***-er*** [e] - als Form des Infinitivs *alle~~r~~, chante~~r~~, leve~~r~~* OFT - als Endung von Adjektiven, Substantiven, Adverben, etc. *dernie~~r~~, premie~~r~~ ; roche~~r~~, vache~~r~~, noye~~r~~, écuye~~r~~* Lex.	MERKEN *fier* [fjɛr] ≠ *se fie~~r~~* [e] (stolz) ≠ (vertrauen) EINZELFALL *ga~~rs~~* [gɑ}
-rr-	[rr]	HOCHSPRACHE - bei der Vorsilbe ***ir-*** (Vergl. ***im-***, ***in-*** und ***il-***), HS *irriter, irréel, irrémédiable, irruption* - bei *errer* und Ableitungen *errant, erreur* Lex. - bei Futur und Konditional von *courir* und *mourir* *je courrai, je mourrais*	ERINNERUNG - Unterschied zwischen *je courais* [kurɛ] (ich rannte) *je courrais* [kurrɛ] (ich würde…) *je courrai* [kurre] (ich werde… rennen)

Buchtabe S

-s- -ss-	[s] lassen	IMMER - am Anfang eines Wortes! *se, si, sol, silence, soleil, saint, sûrement, symbole* - als Doppelkonsonant zwischen zwei Vokalen: *assez, hausse, tisser, masse, bosse, mousse, abysse* - am Ende einer geschlossenen Silbe, *espace, respect, pastiche, poste, rustique, kyste* - auch wenn der Nachkonsonant stimmhaft ist, HS *jasmin, talisman, svelte, slave, Sganarelle* - besonders bei der Endung *-isme*, HS *schisme, charisme, enthousiasme, miasme* - nach einem anderen gesprochenen Konsonanten *absence, lapsus, obséder, valser, verser* (Ausn. s.u.) - als Endung bei lateinischen Wörtern *patres, omnes* In dem Fall ist das e offen [ɛ] - bei Eigennamen mit Endung ***-ès*** *Agnès, Hermès, Xerxès, Hadès, Mercédès* - nach den Vorsilben *a-, aéro-, anti-, auto-, para-* *asymétrie, aérosol, parasol* FAST IMMER - nach Nasalvokalen *danse, penser, consacrer, pinson,* (Ausnahmen s.u.)	EINZELFÄLLE - *tous* . *s* stumm beim Adjectiv *Tou~~s~~ les jours* . nicht beim Pronomen, *Tous vont à Paris* - *plus* ***s*** wird gesprochen . als Substantiv *le plus* (+) *et le moins* (-) . als Adverb . in der Mathematik . Ausdrücke vor einer Zäsur: *il y a plus, disons plus,* *il en sait plus, un en plus.* - Möglich bei: *au plus, bien plus, sans plus.* *de plus‿en plus* [dəplyzɑ̃plys] - Stumm: s. weiter. AUSNAHME - *susurrer* [sy‿sy‿re](*flüstern*), nicht [sy~~z~~yre] – Klangmalerei. - *vraisemblable* : das Wort kommt von *semblable* [s]

GRAPHEM	IPA	WANN?	ANMERKUNGEN
-s-	[s] *Eis*	MANCHMAL - am Ende eines Wortes *albatros, sens, jadis, iris, lys, oasis, fils (Sohn), Amadis, Zeus* Lex. SELTEN - bei der Vorsilbe *re-* zwischen zwei Vokalen, *resaler* [rəsale], *resurgir* [rəsyrʒir], Lex.	SONDERFALL - *os* (Knochen) Singular: *un os* [œ̃nɔs] Plural : *des‿os* [dɛzo] ANMERKUNG - Bei der Vorsilbe *re-* behält der Stamm seine Aussprache.
	[z] *Rose*	IMMER - zwischen zwei Oralvokalen, nicht bei Nasalvokalen *extase langoureuse, désir, bise, rose, baiser* - bei einer Liaison mit -s *des‿amis, les‿oiseaux, les‿hôtels, de plus‿en plus* SELTEN - nach einem anderen stimmhaften Konsonanten: *Alsace, balsamique, subsister* (s. Buchstabe b) Lex. EINZELFALL - Vorsilbe *trans-*: s. Spalte 4	AUSSPRACHE - stimmhafter als i. D. SPEZIALFALL - Vorsilbe *trans-* . stimmhaft vor den Vokalen ***a, i, o, u*** mit u. o. ***h muet***. *transaction, transhumance, transit, transatlantique* . stimmlos vor ***e*** und ***y*** *transe, transept, transylvain* . vor Konsonanten: *transparent, transcrit*
	[-]	IMMER - als Pluralendung (Artikel, Substantive, Adjektive) *les, des roses rouges, des chiens noirs, nous, vous, ils* - als Verbendung *je suis, j'irais, tu es, nous sommes, vous‿êtes* SEHR OFT - am Wortende (Adj., Adv., Präp.) *gras, gros, bas ; alors, très ; près, depuis,* - am Ende eines Substantivs im Singular *buis, encens, glas, tapis, tamis, trépas accès, excès, succès* Lex. SELTEN - bei zusammengesetzten Wörtern *lesquels (les-quels), mesdames (mes-dames), groslot =(gros-lot)*	ERINNERUNG - Hochsprache Die kleinen Wörter = [ɛ]! *les, des, mes, tes, ses, ces* MERKEN - ***plus*** . ***s*** ist stumm (HS) bei: *ne... plus, de plus‿en plus, d'autant plus que, non plus-que, pas plus que* . und bei (oft falsch!) *encens*
-sc-	[s] *Los*	IMMER - vor ***e***, ***i*** und ***y*** *ascension, scène, sceptre sceau, scie, science, scythe*	
	[sk] **Sk**elett	IMMER - vor ***a***, ***o***, ***u*** oder einem Konsonanten (***l*** und ***r***) *scandale, scolaire, scorpion, sculpter, esclave, scruter*	
-sch-	[ʃ] **Sch**atz	NUR - bei Wörtern fremder Herkunft *schisme, scheik, schéma, schnaps* Lex.	
	[sk]	NUR - bei Wörtern fremder Herkunft *scherzo, schizophrène* Lex.	
-sh-	[ʃ] **Sch**atz	NUR - in fremden Wörtern *Shakespeare, Sharon, shah, shérif, sherpa*	AUSNAHMEN - Innerhalb eines franz. Wortes . [z]entspricht einer *liaison* *déshonneur* [dezɔnœr] . [-] Stumm *Deshayes* [de‿ɛ] N.B. Dies lässt sich auf den Unterschied zwischen *h muet* u. *h aspiré* zurückführen (honneur ≠ haie).
-sth-	[s]	SELTEN - spricht man [s] und nicht [z], HS *isthme, asthme*	

Buchstabe T

GRAPHEM	IPA	WANN?	ANMERKUNGEN
-t-	[t] It. tanto *nicht aspiriert*	IMMER - am Anfang einer Silbe *te, ta, ton, tu, temps, tête,* *tue-tête, utile, trop, bateau* - auch als Doppelkonsonant *battre, fillette, lettre, littoral, lutte, Charlotte* MANCHMAL - am Ende eines Wortes *sept, huit, tact, rapt, dot, infect,* *chut! brut, mat* Lex.	AUSSPRACHE - nicht aspiriert MERKEN - *Soit!* (so sei es !), *t* wird gesprochen, - sonst nicht *qu'il soi~~t~~*: *t* bleibt stumm.
	[-]	IMMER - als Verb-Endung *il fini~~t~~, il pleu~~t~~, ils peuven~~t~~, il fai~~t~~, ils fon~~t~~, qu'il soi~~t~~* MEISTENS - als Endkonsonant *aussitô~~t~~, béa~~t~~, bille~~t~~, brui~~t~~, comba~~t~~,* *doi~~gt~~, fai~~t~~, lo~~t~~, mor~~t~~* SELTEN - innerhalb eines zusammengesetzten Wortes *hau~~t~~bois (hau~~t~~-bois), hau~~t~~-de-chausses*	
-ti-	[tj]	IMMER - im Anlaut *tien, tiède, tiare* - zwischen zwei Vokalen oder nach ***s*** *cimetière, entier, matière ;* *question, bustier, vestiaire* Lex.	AUSSPRACHE - Vermeiden, dass ein [tʃ] entsteht! *tiède* [tjɛdə]
	[sj]	MEISTENS - bei der Endung ***-tion*** [sjõ] nach Vokal, *ambition, nation, intention ;* - immer nach ***c*** und ***p*** *action, fonction, traction, sanction, option* OFT - zwischen zwei Vokalen *balbutier, patience, initier, initiale* Lex.	MERKEN - Es gibt leider keine wirklichen Regeln. Lex.
-th-	[t]	MEISTENS *thé, théâtre, thon, thym, rythme ;* *Thésée, Thierry, Athène*	
	[-]	SELTEN - bei Wörtern griechischer Herkunft *is~~th~~me, as~~th~~me,* (*s* stimmlos, s. o.)	
	[θ] this	NUR - bei engl. Wörtern, die in der klassischen Gesangsliteratur so gut wie nicht vorkommen.	
-tz-	[ts]	SELTEN - am Anfang eines Wortes fremder Herkunft *tzar, tzigane*	
	[s]	SEHR SELTEN - bei Eigen- und Ortsnamen *Metz, Saint-Witz* Lex.	
	[-]	NOCH SELTENER - bei Eigennamen *Gilles de Re~~tz~~* (Vorbild für die Figur des *Blaubart*)	

Buchstabe V

GRAPHEM	IPA	WANN?	ANMERKUNGEN
-v-	[v] Welle	MEISTENS - in allen französischen Wörtern *avec, va, vient, vont, vivre, vivier, visage, vallon, travers, vain, vœu*	AUSSPRACHE - stimmhafter als im D. in allen Positionen.
	[f] Form	SELTEN - bei deutschen und slawischen Eigen- und Ortsnamen *Vorarlberg, von Stroheim;* *Kiev, Rimski-Korsakov*	---

Buchstabe W

-w-	[w] E.: way	SELTEN - nur in nordfranzösischen und englischen Wörtern *water-closet, weekend, whisky, watt* ; *Wallonie, Waterloo*	EMPFEHLUNG - Lex. SONDERFALL - *Watteau* Man hört sowohl [w] als auch [v]
	[v] Wagen	MEISTENS - in Wörtern und Namen meist germanischer Herkunft *wagon, wassingue, wisigoth, WC* [wese]; *Wagner, Watteau*	

Buchstabe X

-x-	[ks] *Achse*	MEISTENS - am Anfang u. innerhalb eines Wortes *axe, fixe, maxime, xylophone, Mexico, Xénia* Lex. IMMER - vor stimmlosen Konsonanten *exciter, expérience, exploit, extase, texte, dextre* MANCHMAL - am Ende mancher Wörter und Namen *phénix, thorax, onyx ;* *Ajax, Alix, Pollux, Styx* Lex.	---
	[gz]	IMMER - bei der Vorsilbe ***ex-*** vor Vokal oder vor ***h*** *exact, exalter, exil, exister, exotique ;* *exhaler, exhausser* MANCHMAL - am Anfang eines Wortes *xénophobe, Xavier, Xanthippe, Xénophon* Lex.	SONDERFÄLLE - *Xerxès* [gzɛrsɛs] Einmal [gz], einmal [s] - *sexagénaire* : [gz] od. [ks]
	[s]	EINZELFÄLLE *dix, six, soixante, Bruxelles*	
	[z]	IMMER - bei der *liaison* *aux‿yeux bleus, doux‿et frais* EINZELFÄLLE *deuxième, sixième, sixain* (od. *sizain*), *dixième, dix-huit*	MERKEN *six-huit*: [s] (6/8 Takt) - aber [z] bei *dix-huit* (achtzehn) *dix-neuf* (neunzehn)
	[-]	IMMER - als Pluralendung *au~~x~~, chevau~~x~~, canau~~x~~; cieu~~x~~, yeu~~x~~, aïeu~~x~~;* *eau~~x~~, beau~~x~~, chapeau~~x~~; bijou~~x~~, caillou~~x~~, chou~~x~~* Lex. - als Verb-Endung (1. und 2. Pers. Sing.) *je peu~~x~~, je vau~~x~~, tu veu~~x~~* MEISTENS - am Ende vieler Wörter, auch im Singular: *choi~~x~~, courrou~~x~~, croi~~x~~, crucifi~~x~~, flu~~x~~, hou~~x~~, pri~~x~~,* *dou~~x~~, jalou~~x~~* Lex.	MERKEN - 7 Substantive mit Endung ***-ou*** und Plural mit ***x*** *bijou, caillou, chou, genou, hibou, joujou, pou*

Buchstabe Z

GRAPHEM	IPA	WANN?	ANMERKUNGEN
-z-	[z]	MEISTENS - am Anfang und innerhalb eines Wortes *zèbre, zèle ;* *alezan, colza, donzelle, onze, douze, treize* SELTEN - als Endkonsonant in Wörtern fremder Herkunft *fez, Suez* - bei einzelnen Eigennamen: *Berlioz, Boulez*	MERKEN - Endung *-ez*: . e <u>immer offen</u>, wenn ***z*** gesprochen wird, also [ɛz] . <u>immer geschlossen</u>, wenn ***z*** stumm bleibt: ***chez*** [ʃe] ≠ ***fez*** [fɛz]
	[-]	IMMER - als Endkonsonant in französischen Wörtern *assez, chez, nez, raz-de-marée, riz* - als Verb-Endung (2. Pers. Pl.) *vous chantez, vous chantiez, vous chanteriez...*	
	[dz]	SELTEN - bei Wörtern griechischer und fremder Herkunft *Zeus* [dzøs], *zingarella*	
	[s]	SELTEN - in manchen spanischen Wörtern: *zarzuela* [sarswela]	
	[ts]	SELTEN - in deutschen Wörtern: *zither, zentner*	
-zz-	[z]	SELTEN - bei Wörtern fremder Herkunft: *blizzard, razzia, muezzin*	
	[dz]	SELTEN - bei italienischen Wörtern: *mezzo, mezzanine, pizza, pizzicato*	

EINIGE PHONETISCH RELEVANTE DETAILS

Signifikanter Unterschied zwischen [e] *und* [ɛ]

Präteritum bei Verben mit Infinitiv-Endung *-er*

Um den deutschen Unterschied zwischen *wenn* und *als* auszudrücken, verfügt die französische Sprache über zwei Formen des Präteritums (Vergangenheit). Es sind *l´imparfait* (Imperfekt im Sinne von „*nicht abgeschlossen*") und *le passé simple* (wörtl. „*einfache Vergangenheit*" im Sinne von „*einmalig*").
L´imparfait (Imperfekt) beschreibt eine Handlung, die sich wiederholte, oder einen Zustand, der eine gewisse Dauer hatte, während *le passé simple* eine Handlung oder einen Zustand darstellt, die nur einmal stattfanden. Obwohl das *passé simple* heute fast verschwunden ist, begegnen wir ihm in der Gesangsliteratur sehr oft.

Aufpassen müssen wir bei der ersten Person Singular, bei der die Lautung der Endsilben unterschiedlich sind.

Beispiel: *arriver* (ankommen) *j´arriv**<u>ais</u>*** [ɛ] (*imparfait*) ≠ *j´arriv**<u>ai</u>*** [e] (*passé simple*)

*J´arriv**ais*** [ɛ] *toujours en retard quand il neigeait.*
Ich kam immer zu spät, <u>wenn</u> es schneite. (Wiederholung, Gewohnheit)

*Ce jour-là, midi sonnait quand j´arriv**ai*** [e] *chez mon ami.*
An diesem Tag schlug es zwölf Uhr mittags, <u>als</u> ich bei meinem Freund ankam.
(Meine Ankunft ist einmalig, eben nur an diesem Tag.)

Futur und Konditional, ebenfalls bei der 1. Pers. Sing.

*J´ir**<u>ai</u>*** [e] (*Futur*)........≠........*j´ir**<u>ais</u>*** [ɛ] (*Konditional*)
Ich **werde** gehen (in jedem Fall) ≠ Ich **würde** gehen (vielleicht)

FAZIT: Der phonetische Unterschied zwischen den Endungen ***-ai*** **[e]** und ***-ais*** **[ɛ]** bei der 1. Pers. Sing. ist aussagekräftig. Deshalb ist es wichtig, ihn zu berücksichtigen.

*J´ir**<u>ai</u>*** [e] *chez mon ami Lillas Pastia.*
Ich werde in jedem Fall zu meinem Freund Lillas Pastia gehen. (Bizet, *Carmen, Seguedille*)

Unterschiede bei den Verben courir und mourir, die zu beachten sind

Hier geht es um bestimmte Formen der Verben *courir* (rennen) und *mourir* (sterben), die wieder in der 1. Pers. Sing. zwischen Imperfekt, Futur und Konditional unterscheiden.

*je **courais***	[ʒəkurɛ]	Imperfekt (ich rannte)	*je **mourais*** [ʒəmurɛ]	(ich lag im Sterben)
*je **courrai***	[ʒəkurre]	Futur (ich werde rennen)	*je **mourrai*** [ʒəmurre]	(ich werde sterben)
*je **courrais***	[ʒəkurrɛ]	Konditional (ich würde rennen)	*je **mourrais*** [ʒəmurrɛ]	(ich würde sterben)

Hier muss zwischen **[r]** und **[rr]** sowie **[e]** und **[ɛ]** unterschieden werden.

Vokalharmonisierung

Festzustellen ist, dass der Klang eines Lauts von seiner Umgebung beeinflusst werden kann.
Das gilt für Vokale und es gibt zwei besondere Fälle, bei denen ein Vokal durch den nachfolgenden bedeutend verändert wird, weil er sich dem nächsten anpasst. Das Phänomen wird als *Vokalharmonisierung* bezeichnet.

1. Dies ist der Fall, wenn ein [ɛ] vor einem [e] oder einem [i] vorkommt. Es kann zum [e] werden.

aimer [ɛ‿me] / *plaisir* [plɛ‿zir]

Die Schreibweise *ai-* am Anfang oder innerhalb eines Wortes ist immer offen [ɛ], aber die nachfolgenden [e] oder [i] üben eine schließende Wirkung auf *ai-* → [e‿me] / [ple‿zir] (schon ab XVII. Jh. cf. H.W. Klein, S. 57).

Diese Regel gilt aber nicht im *style soutenu,* also auch nicht im klassischen Gesang: [ɛ] bleibt [ɛ]. Es empfiehlt sich jedoch, das offene [ɛ] nicht allzu offen zu sprechen, was für heutige Ohren künstlich wirken kann. Eine mittlere Öffnung [*ɛ*] wird empfohlen.

2. Das Gegenteil ist der Fall, wenn ein Schwa [ə] einem é [e] folgt, [e] wird dann zum [ɛ].

Dies betrifft manche Formen der Verben mit Infinitiv-Endung *-érer, -éger, -éter*

gérer [ʒe‿re], *protéger* [prɔ‿te‿ʒe], *répéter* [re‿pe‿te]

Beispiel *Vous me protégerez, Seigneur* (Bizet *Carmen,* air de Micaëla)

Hier wird das *é* [ɛ] gesprochen (bzw. gesungen), denn das folgende Schwa öffnet das ***é***. Heute sind beide Schreibweisen möglich, *é* oder *è*. In jedem Fall [ɛ] sprechen.

*Je prot**é**gerai, prot**è**gerai / il g**é**rera, g**è**rera / nous rép**é**terons, rép**è**terons*

Aussprache der Endungen -é und -ai bei Umkehrung des Pronomens „je"

Das Problem besteht **nur** bei Verben mit Infinitiv-Endung ***-er***
Diese Form der Fragestellung kommt praktisch nicht mehr vor und gehörte schon immer zur Hochsprache.

j'aime [ʒɛmə] (ich liebe) Frageform: *aim**é**-je?* (liebe ich?)

Die korrekte Aussprache war [ɛmeʒə]. Heute pflegen *é* und *-ai* vor [ə] sich zu öffnen → [ɛ] (s. oben)
Dennoch: da es sich in der Umkehrung um eine seltene, besonders literarische Form handelt, sollte die traditionelle Aussprache respektiert werden.

*aim**é**-je ?* (Präsenz) / *aim**ai**-je ?* (passé simple) = [e] ≠ *aim**ais**-je* = [ɛ] (Imperfekt)

Les, des, mes, tes, ses, ces

Diese Wörter sollten in der Bühnensprache offen ausgesprochen werden, also [ɛ]. Es wird daran erinnert, weil dieses sehr oft korrigiert werden muss. Im Kunstgesang fügt sich das [ɛ] in die Vokalkette besser ein und klingt angenehmer. Dennoch darf es nicht mehr so offen gesprochen werden wie in der Vergangenheit. Am besten ist eine mittlere Öffnung, die in diesem Buch [*ɛ*] (kursiv) notiert wird. (Erinnerung).

L'on

Es kommt vor, dass man auf diese Wendung trifft, ohne dass man dem ***l'*** irgendeinen Sinn geben kann. Es hat auch tatsächlich weder eine Bedeutung noch eine grammatikalische Funktion, es spielt lediglich eine *euphonische* Rolle: *on* nach *que* zum Beispiel wird in der Hochsprache als akustisch unangenehm empfunden (*qu'on*), das eingefügte ***l'*** macht den Klang angenehmer.

La musique que l'on aime statt *la musique qu'on aime*
Die Musik, die man liebt

LISTE EINIGER WÖRTER MIT „ H ASPIRÉ“

ha !
hâbler (*und Abl.*)
hache, hacher (*und Abl.*)
hachisch
hagard
haie
haillon
haine, haïr (*und Abl.*)
halage
hâle (und Abl.)
haleter, haletant
haleur
hallage
hallali
halle
hallebarde
hallier
halo
halot
halte
hamadryade
hameau
hampe
hanche
handicap, handicaper
hangar
hanneton
hanter, hantise
happer
haquenée
hara-kiri
harangue (*und Abl.*)
haras
harasser
harceler
harde
hardi (*und Abl.*)
harem
hareng
harengère
hargneux
haricot
haridelle
harnacher, harnachement
harnais, harnois
haro
harpagon
harpe (*und Abl.*)
harpie
harpon (*und Abl.*)
hasard (*und Abl.*)
hase
hâte, hâtif (*und Abl.*)
hauban
haubert
hausse (*und Abl.*)
hausse-col
haut (und Abl.)
hautain (*und Abl.*)
hautbois
haut-de-chausse(s)
haut-de-forme
haute-contre
haute-cour
haute-futaie
haut-fond
haut-fourne*au*
haut-la-main
haut-le-cœur
haut-le-corps
haut-parleur
hâve
Havane (La)
havre
havresac
hé !
heaume
héler
hennir, hennissement
Henri
henriade
héraut
hère
hérisser
hérisson
hernie
héron
héros
herse (*und Abl.*)
hêtre, hêtraie
heurter (*und Abl.*)
heurtoir
hi, hi !
hibou
hic
hideux, hideusement
hiérarchie (*und Abl.*)
hisser
ho !
hobereau
hocher, hochet (*undAbl.*)
hochepot
hochequeue
holà !
Hollande, hollandais
homard
hongre
Hongrie, hongrois
honte (*und Abl.*)
hoquet
hoqueton
horde
horion
houille (*und Abl.*)
houle, houleux
houlette
houppe
houppelande
houri
hourra
hourvari
houseaux
houspiller
housse (*und Abl.*)
houx, houssaie
hublot
huche
hue !
huer, huée (*und Abl.*)
huguenot
huit (und Abl.)
hulotte
humer
hune
hunier
huppe
hure
hurler, hurlement
hurluberlu
hussard
hutte

Zur Erinnerung

- Das sog. *h muet* wird geschrieben, spielt aber phonetisch überhaupt keine Rolle:

l´hôtel = *l´autel* = [lo-tɛl]

In der Aussprache unterscheiden sich diese beiden Wörter (*Hotel* und *Altar*) nicht. Es sind *Homophone*.
Das sog. *h aspiré* wird heute überhaupt nicht mehr aspiriert, es verbietet aber eine *liaison* oder eine *Elision*, auch im Pl.

le hameau (der Weiler, das kleine Dorf) [lə‿a-mo] / *les hameaux* (die Weiler) [lɛ‿a-mo]
de beau<u>x</u> hameaux (schöne Dörfer) [də-bo‿a-mo], keine *liaison*.

- Die Vokalfolge wird legato, d. h. ohne Glottisschlag und weich gesungen, außer <u>vielleicht</u>, wenn ein starker Ausdruck verlangt wird, wie in manchen Fällen bei Wörtern, die Härte ausdrücken, z.B. bei *la haine* (der Hass). Dann ist sogar ein [h] möglich (cf. P. Fouché).

Der Hiat, der zwangsläufig beim *h aspiré* entsteht, wird in der Lyrik als besonders unangenehm empfunden. (Wiederholung). Paul Verlaine macht davon bewusst Gebrauch in dem Gedicht *À une femme*

*le **h**ideux cauchemar qui me **h**ante*
[l**<u>ə'i</u>**‿dø‿ko‿ʃə‿mar‿ki‿m**<u>ə'ɑ̃</u>**‿tə]
„Der <u>gräßliche</u> Alptraum, der mich <u>plagt</u>…“

In einem solchen Fall darf der Ansatz härter sein, doch ohne Glottisschlag, *accent d´insistance* auf den Silben *hi* und *han*.
(s. Kap. *Betonung*)

ZWEITE TABELLE: DAS PHONEM und SEINE MÖGLICHEN SCHREIBWEISEN

DIE VOKALE

Oralvokale

IPA	MÖGLICHE SCHREIBWEISEN	ANMERKUNGEN
[a]	- **a** *a, ma, ta, sa, abracadabra* - **à** *à, là, là-bas, déjà, voilà* - **a** vor **-il** / **-ill** *ail, bail, vaille, maille*	EINZELFÄLLE - Graphem **e**: Adverben mit Endung *-emment*: *récemment, ardemment* - Außerdem *femme* und *solennel*
[ɑ]	- **â** *âme, mât, infâme* - **a** vor **s** (HS) *pas, passe, bas, las, vase, hélas* Lex.	EINZELFÄLLE *gars* [gɑ] / *damner* [dɑne] (abgl.)
[e]	- **é** (mit *Akut*) *dé, dés, gelé, gelée, gelées* - Endungen **-er** / **-ez**, wenn **r** und **z** stumm bleiben *aller, noyer* ; *nez, voyez* - Umkehrung Verb + *je* *dussé-je, chanté-je, chantai-je, chanterai-je* (HS) - **œ** *œdème, Œdipe*	ERINNERUNG - *et (und)* - Verb-Endung 1. Pers. Sing. *j´ai, j´irai, j´allai* - Sonst nur *gai* und *quai*
[ɛ]	- **è** (mit *Gravis*) *gèle, accès, dès, près* - **ê** (mit *Zirkomflex*) *mêler, rêt, bête, fête, arrêter* - **e** vor doppelten Konsonanten *elle, jette, belle, presse, mettre* - **e** vor gesprochenen Konsonanten in geschlossener Silbe *cher, fier, fez, rester, accepter* - Endung *-es* bei lateinischen Wörtern *patres, omnes* - Endung **-et** *jet, fleuret, objet,* nur nicht bei *et (und)* - *e* vor *-il* oder *-ill* + Vokal *éveil, s´éveille, abeille* (*-ill* spricht sich [j]) - **ai,** meistens (s. [e]) *aimable, mai, délaisser* - Endung **-ai** (nicht bei Verben + **gai** ù. **quai**), **-aie**, **-ais**, **-ait**, **-aix**, **-aient** *vrai, essai, saie, vais, sait, faix, ils allaient*	ERINNERUNG - Einsilbige Wörter mit *-es* (Erinnerung) *les, mes, des, ses,* etc. (bei Bühnensprache u. Kunstgesang gültig! Mittlere Öffnung empfohlen [ɛ] notiert) - **é** und **ai** vor Silbe mit Schwa [ə] *protégerez, ai-je* [ɛ-jə] - **ay** vor Vokal *ayez, payer* - Endung **-ay**, selten! *tramway, Chardonnay*
[i]	- **i** *il, ami, pris, prix, dit, cueillir, qui, gui* - **î** *île* - **ï** *haïr, naïf* (Hiat [a‿ir]) - **y** *Yves, Cythère, Guy*	ERINNERUNG - Vorsilbe **im-** vor **m** *immense, immuable* (nicht [ɛ̃]) - Endung **-il**, manchmal mit stummem L *fusil, sourcil* (s. o.) Lex.
[ɔ]	- **o** vor [b], [d], [f], [ʒ], [g], [k], [l], [m], [n], [p], [r], [s], [t], [v], [ks] *robe, mode, offre, loge, vogue, coque, soleil,* *domino, none, lopin, or, poste, total, love, oxigène* - **o** vor doppelten Konsonanten *folle, sommeil, tonner, bosse, flotte,* etc. - **au-** als Vorsilbe in wenigen Wörtern möglich *aurore, auréole, aura* (+ Formen des Hilfsverbs *avoir*) - **u** vor *m* als Endung in lateinischen Wörtern: *album, forum, quorum*	ERINNERUNG - *Paul* - **trop**, wenn es ein anderes Wort begleitet *trop aimer, trop fort, trop bon*
[o]	- **o** vor [z] und als Endung, auch vor stummen Konsonanten *rose, Berlioz, José* / *do, sot, galop* - **ô** *arôme, drôle, geôle* - **au** *au, aux, autre, saule, saut, saute* (Ausnahmen, siehe [ɔ]) - **eau** *eau, beaucoup, seau, château* (immer, auch im Plural)	ERINNERUNG - **trop** alleinstehend [o]: *C´est trop!* EINZELFÄLLE - *atome, zone, fosse, sauf, zoo* Lex.
[u]	- **ou** = französische Schreibweise des Lauts [u] (Erinnerung) *cou, ou, vous, loup, soucoupe, toureloure, tout* - **ou** in zweisilbigen Wörtern *jouet, louer,* (eventuell [w] [ʒwɛ], aber in der Musik praktisch immer zweisilbig.) - **où** *où* - **oû** *goût* - **aoû** *saoûl, août*	ERINNERUNG - **saoûl**: **l** bleibt stumm, bei *saoûle* (weibl.) nicht. - **août**: manchmal auch [a‿u], z.B. bei *mi-août* [mi-a-u]

IPA	MÖGLICHE SCHREIBWEISEN	ANMERKUNGEN
[y]	- ***u*** allein in einer Silbe immer, (französische Schreibweise für das deutsche ***ü)*** *tu, vu, mu, mule, ululer, fus, fut* - ***u*** vor einem anderen Vokal *suave, muet, Druon,* eventuell [ɥ] einsilbig. - ***û*** *mûr, fût*	EINZELFÄLLE - *gageure* (*e* gehört zum *g* [ʒ] und nicht zum *u*) - ***eu*** Formen des Hilfsverbs *avoir* mit *eu* *eu, eutes, eût…*
[œ]	- ***eu*** vor [b], [f], [j], [l], [n], [p], [r], [v] *meuble, neuf, deuil, seul, jeune, peuple, pleure, veuve* - ***eu*** vor ***-il*** / ***-ill*** *deuil, seuil, feuille, veuille* (-ill gilt als [j], Erinnerung) - ***œu*** vor gesprochenem Konsonanten, oder innerhalb eines Wortes *cœur, écœuré, chœur, œuvre, sœur* - ***ue*** vor ***-ill***: nur nach ***c*** oder ***g*** (selten) *cueillir, accueil, recueil, cercueil ; orgueil, orgueilleux*	EINZELFÄLLE - *œuf, bœuf* (nur im Sing.) - *bluff* [blœf] - *œil* [œj] und abgl. Wörter
[ø]	- ***eu*** als Endung mit oder ohne stummen Konsonanten *peu, eux, heureux, veut* - ***eu*** vor [d], [g], [ʒ], [k], [m], [s], [t], [z] *Meudon, beugler, Maubeuge, neume, meute, heureuse, Eustache* - ***eu*** als Vorsilbe *eucalyptus, eunuque, eurêka, euro* - ***œu*** als Endung mit oder ohne stummen Konsonanten: *vœu, nœud*	EINZELFÄLLE - *meule, jeûne* - *œufs* [ø], *des bœufs* [bø]
[ə]	- ***e*** allein in jeder offenen Silbe! *le, je, ceci, jeter, ferait, ramener* - ***-e, -es*** (Pluralendung) als Endung im Gesang, wenn es auskomponiert ist. *elle, ensemble, tu rêves* - ***-ent*** als Verb-Endung, 3. Pers. Pl. *ils chantent, ils tombent, elles rêvent*	ERINNERUNG - Trotz ***ss*** bei den Vorsilben ***de-*** und ***re-*** *dessus, ressemble* - ***ai*** nur bei Formen des Verbes *faire* vor [z] *faisait…* und *faisan* (Fasan) - Einzelfall *Monsieur*

Nasalvokale

[ɑ̃]	- ***an / am*** *an, gland, sang ; chambre, champ, rampe* - ***en / em*** *en, lent, vent ; semble, membre, tremper, emmener* - ***aon*** *paon, faon, taon, Laon* - ***aen*** *Caen, Messiaen, Saint-Saëns*	MERKEN - Vorsilben ***en- / em-*** (dem deutschen ***ein-*** entsprechend) vor Vokal, ***h, m*** und ***n,*** *enamourer, enivrer, enhardir, emmener, ennui* EINZELFALL *Jean*
[ɛ̃]	- ***in / im*** *lin, vin ; limbe, timbre* - ***ain / aim*** *pain, sainte ; daim, faim* - ***ein / eim*** *plein, ceinture, sein ; Reims* - ***yn / ym*** *lynx ; nymphe* - ***en*** nach ***i*** oder ***y*** *bien, tien, sien, maintien ; doyen, moyen, citoyen*	EINZELFÄLLE - Vorsilbe ***im-*** [ɛ̃] nur bei *immangeable, immanquable, immariable* - ***-en-*** in Eigennamen: *Bengale, Benjamin, Poulenc, Farrenc (Louise)* ERINNERUNG *païen*
[õ]	- ***on / om*** *bon, rond, sont, honte ;* *sombre, trompe, plomb, prompt*	ERINNERUNG - [ɔ] *bonheur, bonhomme*
[œ̃]	- ***un / um*** *un, brun, aucun, chacun, opportun ;* *humble, parfum*	EINZELFALL *à jeun*

Semivokale / Semikonsonanten / Gleitlaute / « Diphthonge »

[j]	- ***i*** vor Vokal *ciel, lieu, pion* - ***y*** vor Vokal *yeux, hyène, payer, yoga* - ***il*** oder ***ill-*** nach den Vokalen ***a, e, eu, (i), ou, u*** *ail, veille, fille, deuil, souillé, juillet* [ʒɥijɛ]	EINZELFÄLLE - ***ï*** *aïe ! / païen* [pajɛ̃] / *aïeul / glaïeul / Oïl* [ɔjl] ERINNERUNG - ***ll*** nach ***i***: mal [j]: *fille* ≠ mal [l]: *ville* Lex.
[w]	- ***oi, oy*** [wa] Aussprache kurzes [u] + [a] *moi, soie, boire ; royal* - ***ou*** vor Vokal [a], [i], [ɛ] *ouate, oui, ouest, zouave* - ***oin / ouin*** [wɛ̃], sehr kurzes [u] + [ɛ̃] *foin, point, loin, moins ; babouin, sagouin* - ***w*** + Vokal in engl. Wörtern *way*	EINZELFÄLLE - [wa] nach ***q*** und ***g*** vor [a], [ɛ̃] oder [ɑ̃] Lex. *quatuor, Guadeloupe* - ***eoi*** *seoir, asseoir* Nach ***g*** *nageoire, mangeoire*

API	MÖGLICHE SCHREIBWEISEN	ANMERKUNGEN
[ɥ]	- ***ui*** [ɥi] sehr kurzes, aber klares [y] + langes [i] *luire, lui, suivre, juillet* - ***u*** vor anderen Vokalen nur in der Oralsprache, gesungen immer [y] SELTEN - ***uin*** [ɥɛ̃] *Juin, suinter*	MERKEN - [ɥi] manchmal nach ***q*** und ***g*** *aiguille, arguer, cuillère* Lex. - zweisilbig mit den Vokalen [a], [ɛ], [õ] *suave* [sy‿ave], *Suez, suaire, sueur* ; *Druon* (N.B. die Noten entscheiden darüber)

DIE KONSONANTEN

IPA	MÖGLICHE SCHREIBWEISEN	ANMERKUNGEN
[b]	- ***b*** *bon, bateau, tombe, sobre, Beaubourg* - vor stimmhaften Konsonanten *objet*	---
[p]	- ***p*** *porte, papa, cap, stopper, apte* - ***b*** vor stimmlosen Konsonanten *obstiné, obstacle*	---
[d]	- ***d*** *dada, dire, cadeau ; celluloïd, caïd*	---
[t]	- ***t*** *tu, étang, battre, net* - ***th*** *rythme, Théophile* - ***d*** bei *liaison* *grand‿air, quand‿il fait beau*	ERINNERUNG - ***t*** vor i + Vokal: manchmal [t], manchmal [s] Lex. *bustier* [t] ≠ *nation* [s]
[f]	- ***f*** *feu, neuf, affaire, neuf‿éléphants, œuf* - ***ph*** *éléphant, photo, lymphe*	---
[v]	- ***v*** *vent, avancer, chanvre, vivre* - ***f*** *neuf-heures, neuf‿ans* (Ausnahmen)	---
[ʃ]	- ***ch*** *chose, bouche, cher, Chine* - ***sch*** bei wenigen Wörtern fremden Ursprungs *schisme, schéma* Lex.	Graphem ***sch*** (s. o.) kann auch [sk] gesprochen werden wie bei *scherzo.* Lex.
[ʒ]	- ***j*** *je, jeu, jardin, joue, joie, juger, Anjou* - ***g*** vor ***e, i, y*** *âge, givre, garage, juger* [ʒyʒe], *gypaète* - ***ge*** vor ***a, o, u*** *changea, geôle, gageure*	---
[g]	- ***g*** vor ***a, o, u*** *gare, goret, goût, guttural, Guadeloupe* - ***gu*** vor ***e, i, y*** *vague, anguille ; Guy*	EINZELFALL - ***c***: *seconde, second* und abgeleitete Wörter.
[k]	- ***c*** vor ***a, o, u*** *cas, col, curieux, cou, bocage* - ***q*** als Endkonsonant *cinq, coq* - ***qu*** *que, quoi, quand, quelque, chaque* - ***k*** *kaki, kiwi* - ***ch*** (Wörter griech. Herkunft) *chaos, chronique, orchestre*	EINZELFÄLLE - ***cu*** *cueillir* [kœjir] (s.o) - ***cqu*** *acquis* - ***g*** als Endkonsonant bei *liaison* *sang‿impur, long‿été*
[gz]	- ***x*** nur bei Vorsilbe ***ex-*** vor Vokal oder ***h*** + Vokal *exact, exil; exhaler*	- Manchmal am Anlaut *Xerxès, Xavier* Lex.
[ks]	- ***x*** *xylophone, fixe, sixte, lynx* - ***xc*** vor ***e*** und ***i*** *exciter, exception* - ***cc*** vor ***e*** und ***i*** *accès, accepter, ecce homo*	EINZELFALL - möglich *exécrer* (sonst [gz])
[ʰ]	---	MÖGLICH nur exklamativ *halte! hop! hélas! holà!*
[l]	- ***l / ll*** *long, île, malle, belle, molle, tulle* *tranquille, mille, ville, village, Lille* - ***ll*** manchmal [ll], Vorsilbe ***il-*** + ***l*** *illustre, illuminé* (HS) In einzelnen Wörtern wie *belladone* Lex.	ERINNERUNG - ***ill*** + Vokal, manchmal [j] *fille, pillage* Lex.
[m]	- ***m / mm*** *main, amer ; gamme, sommeil* - ***mm*** manchmal [mm], Vorsilbe ***im-*** + ***m*** *immense, immortel* (HS) in einzelnen Wörtern wie *sommet, sommaire* (HS) Lex.	ERINNERUNG - ***m*** vor ***n*** wird gesprochen *hymne, omni-* - ***m*** bleibt stumm bei Nasalvokalen und bei *automne, damner* Lex.
IPA	MÖGLICHE SCHREIBWEISEN	ANMERKUNGEN

[n]	- *n* / *nn* *nid, âne, amen ; sonner, tienne* - *nn* meistens [nn] bei der Vorsilbe *in-* + *n* *inné, innombrable* (HS)	ERINNERUNG - *n* bleibt stumm bei Nasalvokalen. - *nn* wird bei *innocent* einfach gesprochen.
[ɲ]	- *gn* *agneau, saigner, araignée* - *ni* + Vokal *niais, Niort* (Ob ein- oder zweisilbig gibt die Vertonung an)	ERINNERUNG - *gn* spricht sich in wenigen Fällen [gn]: *gnome, stagner, diagnostic* Lex.
[r] oder [ʀ]	- r *romance, triste, Paris, rare, cher, torrent, rhinocéros* - [rr] bei den Vorsilben *er-* oder *ir-* *errer, irréel, irriter* (HS) - [rr] Ausdruck *horrible, terrifiant*	ERINNERUNG - Gaumen-R oder Zungen-R? [r] : war Tradition, singt sich leichter (Vordersitz) [R]: wird heute von manchen Sängern bevorzugt.
[s]	- *s* am Anlaut immer, selbst vor stimmhaftem Konsonanten! *sage, seigneur, si, soleil, sûr* ; *svelte* ! - *s* nach oder vor Konsonanten (ob stimmhaft oder nicht!) . am Ende von geschlossenen Silben, auch vor stimmhaften Konsonanten! *rester, aspirer; schisme* !!! . nach einem anderen Konsonanten, ob stimmhaft oder nicht *verser; psaume, absorber* - *s* nach Nasalvokal, außer bei der Vorsilbe *trans-*! *anse, pinson, Samson* - *ss* zwischen zwei Vokalen, immer *basse, messe, laisse, lisse, bosse, fusse, abysse* - *c* / *sc* vor *e, i* und *y* *ceci, Cécile, sourcil, cyklope* ; *scène, sceptre, sceau, scie, Scylla* - *ç* nur vor *a, o, u* *ça, reçu, leçon* - *t* vor *i* + Vokal, leider nicht immer! *martial, balbutier, action, nation, démocratie* Lex.	SONDERFÄLLE (Erinnerung)) - *resaler* (Stamm: *saler, sel*) *vraisemblable* (Stamm: *sembler* mit [s] - *susurre* (Lautmalerei: flüstern) - Endkonsonanten *s* und *x* *hélas, lys* ; *dix, six* - *isthme* (seltene Rechtschreibung) - *Xerxès* - Erinnerungen *subsister* / *subsidiaire* [z]
[sk]	- *sc* vor *a, o, u* und vor Konsonanten *l* und *r* *scandale, scolaire, sculpter;* *scribe, esclave*	EINZELFÄLLE: - *sch* *scherzo, scherzando* (It.) Lex
[z]	- *z* *zéphir, onze, gaz, Zoé* - *s* zwischen 2 Vokalen, IMMER! *rose, jase, aise, Moïse* - *z* manchmal als Endkonsonant *fez, Berlioz, Boulez, Mermoz* Lex.	SONDERFÄLLE - Ableitungen von *dix* und *six*: *dixième, dix-huit, dix-neuf, sixième* - *abasourdir* obwohl das Wort an *sourd* (taub) erinnert. - *s* bei derVorsilbe *trans-* + Vokal od. *h muet* *transi, transatlantique, transhumance*

Laute, die nicht zum französischen System gehören

[ŋ]	- Im klassischen Gesang praktisch irrelevant	*camping, planning* (aus dem Englischen)
[x]	- *j* *jota, naranja, navaja* (s. Carmen)	*Bach* (D); *jota* (SP); *khamsin* (Arabisch)

Die Diktion

„It is by overcomimg technical problems
that the singer succeeds in performing the musical line correctly.
There is no reason why the technical performance of the literary text
should not be perfect as that of the music."

Pierre BERNAC, *The Interpretation of French song.*

[Der Sänger kann die musikalische Linie
korrekt ausführen, wenn er die technischen Probleme gelöst hat.
Es ist nicht einzusehen, warum die technische Ausführung
des literarischen Texts nicht genauso perfekt sein sollte wie die der Musik,]

Eine korrekte *Phonetik* ist die Basis des Vortrags, nicht zuletzt deshalb, weil sie in unserem künstlerischen Bereich wesentlicher Teil der Musik ist. Falsche Laute sind wie falsche Töne. Aber *Phonetik* allein reicht nicht aus, um einen Text verständlich und interessant zu machen. Dazu braucht es eine gute *Diktion.*

Das Wort *Diktion* ist mit dem Wort *dire* (sagen) verwandt, hier im Sinne von *vorsprechen.* Der Text muss so vorgetragen werden, dass die Zuhörer imstande sind, ihn akustisch und geistig bequem zu verstehen und ihm mit Interesse, gar Begeisterung zu folgen. Um dieses Ziel zu erreichen haben wir einiges zu tun. Wir müssen erst den Text richtig verstehen, also über seine *Struktur* klar sein, dann imstande sein, ihn klar und deutlich zu *artikulieren* und schließlich ihn in seinen ganzen Facetten zu *gestalten.* Diktion gehört zur *Kunst.*

DIE TEXTSTRUKTUR

Die Interpunktion

Die Textstruktur wird erst einmal durch die *Interpunktion* verdeutlicht.
Komma, Semikolon (bzw. *Strichpunkt), Punkt, Doppelpunkt, Fragezeichen, Ausrufezeichen, Striche, Anführungszeichen...* erlauben es, eine Passage in sinnvolle Segmente zu unterteilen und deren Architektur weitestgehend zu erkennen. Diese Zeichen ziehen mögliche oder auch obligatorische Zäsuren und Betonungen nach sich und dies in verschiedenen Abstufungen. Das französische Interpunktion-System ist flexibler und dadurch komplexer als das deutsche.

Die Syntax

Die Syntax kann man vereinfacht als die Architektur eines Satzes definieren. Es gilt, sich über die Beziehung der Wörter untereinander und über den grammatikalischen Aufbau klar zu werden. Ein gründliches Studium des Textes ist notwendig. Die großartige Sängerin und Darstellerin Maria Callas pflegte, die Texte zunächst gesprochen zu lernen, bis sie fließend gelangen, bevor sie sie musikalisch einstudierte.
Je höher das Sprachniveau und je älter die Texte sind, umso wahrscheinlicher werden ungewohnte Redewendungen auftauchen, die sich nicht unbedingt auf den ersten Blick erschließen lassen. Nicht selten müssen die grammatikalische Konstruktion und die Rechtschreibung ganz genau angeschaut werden (s. Beispiele unten).

Le mot phonologique ou phonétique (das phonologische, bzw. phonetische Wort)

Um die Struktur eines Satzes analysieren zu können, ist der Begriff des *mot phonologique* unentbehrlich.
Die *Phonologie* ist wie die *Phonetik* eine Sparte der Sprachwissenschaft, sie untersucht u.a. die Beziehung der Wörter zueinander.
Ein *phonologisches Wort* ist eine Gruppe von Wörtern, die solidarisch zueinanderstehen, (Art. + Adj. + Subst.) oder (Verb + Adv.). Es kann durch Pausen oder Akzente vom Rest des Satzes isoliert werden.
Man unterscheidet drei verschiedene Gruppen: Substantivgruppe, Verbgruppe, Adjektivgruppe.

Ein blauer Vogel, phonologisches Wort um das Substantiv *Vogel* im Unterschied zu *ein roter Vogel*
Der hiesige Chor / singt wunderschön ≠ *der hiesige Chor / singt falsch*
(Phonologische Wörter um das Substantiv *Chor* und um das Verb *singen.*)
Der schwarze Adler / zieht ganz ruhig / langsame Kreise / am klaren Himmel.

In diesem letzten Beispiel wären vier phonologische Wörter zu erkennen: Wer? Macht wie? Was? Wo?

Le *mot phonologique* kann aber auch aus einem einzigen Wort bestehen.

Boire / est important pour la santé – Trinken / ist wichtig (/) für die Gesundheit
Hier ist *boire* ein *mot phonologique.*

Das Thema ist hochinteressant, weil es mit der Aussage eines Textes und der Form seines Vortrags eng verbunden ist. J.C. Miltner gibt ein erhellendes Beispiel davon (cf. *Dire le vers*, Kap. Le mot phonologique S. 21)

Le peintre / vit à Paris im Sinne von „Der Maler wohnt in Paris“
La peinture vit / à Paris im Sinne von „Die Malerei lebt (ist lebendig) in Paris“

Hier ergeben sich zwei verschiedene *mots phonologiques*, die von der Auslegung des Verbs *vivre* abhängen.

Die liaison (die Verbindung)

In der Hochsprache und ganz besonders in der Lyrik ist die *liaison* (aus *lier, binden*) ein wesentliches Element der Prosodie, also mithin der Diktion. Man muss ihr eine besondere Aufmerksamkeit schenken, zumal sie im Begriff ist, im Alltag zu verschwinden. In den Texten, mit denen wir zu tun haben, ist sie unerlässlich und ihre Anwendung ist sehr subtil (s. Kap. *Liaison*).

Die Betonung

Es genügt, eine Ansage im Rundfunk zu hören, um sich bewusst zu werden, wie zahlreich Akzente in der gesprochenen französischen Sprache vorkommen und – der gängigen Meinung entgegen – wie weit sie davon entfernt sind, nur auf ein Wort- oder Satzende zu fallen. In Wirklichkeit ist die Betonung im Französischen nicht gänzlich festgelegt und sie lässt dadurch dem Sprecher, bzw. Sänger eine große Gestaltungsfreiheit. Die Wahl dieser Akzente ist eine der wichtigen Fragen, die wir beim Interpretieren eines Textes zu beantworten haben. Sie ist entscheidend für die akustische Klarheit der Mitteilung sowohl in einem Saal als auch am Mikrofon und sie verleiht dem Text Leben und Spannung. (s. Kap. *Betonung*)

Die Artikulation

Ohne gute Artikulation ist keine gute Diktion möglich. Außerdem können manche Regeln der französischen Artikulation für andere Sprachen nützlich sein. Deshalb werden im entsprechenden Kapitel einige in der Praxis bewährte Möglichkeiten vorgestellt, die sie verbessern und pflegen können. (S. Kap. *Artikulation*)

Die Noten

Was den Text betrifft, richtet sich die Komposition nicht immer nach dem Original. Es wird empfohlen, ihn nach Möglichkeit in guten Buchausgaben nachzuprüfen. Manchmal handelt es sich einfach um Druckfehler.

Manchmal aber scheint es, dass es sich um eine bewusste Entscheidung des Komponisten handelt.

Cela ressemble au cri doux que l'herbe agitée expire

Dies erinnert an den sanften Schrei, den das bewegte Gras ausstößt. – (Verlaine/Debussy, aus *Ariettes oubliées* Nr.1)

Cela ressemble au bruit doux que l'herbe agitée expire

Dies erinnert an das sanfte Geräusch, das das bewegte Gras ausatmet. – (*C'est l'extase*, Gabriel Fauré)

Es wird gesagt, dass das Wort *cri* dem Komponisten Fauré zu hart war. Ist das aber wirklich belegt? Oder handelt es sich einfach um eine Verwechslung? Denken wir an *Spleen* (auch Verlaine, ebenfalls von Fauré und Debussy vertont, und sehr bekannt):

O bruit doux de la pluie… - O sanftes Geräusch des Regens…

(*Il pleure dans mon cœur*, (*Spleen*), Verlaine/Fauré, Debussy)

DER GESUNGENE TEXT

Der klassische Sänger (anders als im Musical-, Pop- oder Chanson-bereich) hat vor sich eine Partitur, die er so treu wie möglich wiedergeben sollte. Die sog. klassischen Komponisten haben eine präzise Vorstellung dessen, was sie ausdrücken und wie sie sich ausdrücken wollen. Ein gründliches Studium der Partitur ist also die logische Konsequenz: *Takt*, *Tonart(en)*, richtiger *Melodieablauf*, *Rhythmus*, *Tempo*, *Zäsuren*, *Phrasierung* (legato ≠ staccato), *Harmonien*, *Dynamik…*

…und natürlich: der *Text!* Man kann nicht genug empfehlen, sich mit dem Text auseinanderzusetzen und ihn gründlich zu studieren. Es ist sehr wichtig, ihn zu durchdringen, um ihn in die Komposition adäquat zu integrieren. Die Beziehung Text/Musik ist von Komponisten zu Komponisten verschieden und auch in den verschiedenen Lebensphasen eines Tonschöpfers kann es diesbezüglich eine Entwicklung geben (Fauré und Debussy sind gute Beispiele dafür). Bei weniger gelungenen Werken ist es Aufgabe des Interpreten das Beste daraus zu machen. Und dies verlangt u.U. noch mehr Sorgfalt.

- Die musikalische *Einteilung des Textes* (Pausen, Phrasierungsbögen, etc.) kann vom Original abweichen, vor allem bei Gedichten. Man tut gut daran, sich daran zu halten und zu versuchen zu verstehen, warum der Komponist den Text anders auffasst.

- Im Text gibt es obligatorische *liaisons*, automatische, verbotene, unmögliche und solche, die nicht zu empfehlen sind. Manche kann man machen oder nicht und gerade bei diesen geht es nicht selten um eine Frage der Interpretation, weil sich dadurch die Aussage verändern kann (s. Kap. *liaison*).

- Die *Betonungen* sind nicht alle vorgegeben, sie verlangen in der Regel eine Entscheidung. Man muss den Text und seine Beziehung zum musikalischen Ablauf verstehen und manchmal anpassen (s. Kap. *Betonung*).

Einige Strukturbeispiele

Die Umstellung des Genitivs

1. *C'est des contrebandiers le refuge ordinaire* (Rezitativ der Micaëla, *Carmen*, Bizet)

Wörtlich: Dies ist der Schmuggler (die) gewöhnliche Zuflucht.

Die normale Konstruktion wäre: *C´est le refuge ordinaire des contrebandiers* (Da ist der Stammlager der Schmuggler). Die Umstellung des Genitivs (*des contrebandiers*) am Anfang der Phrase unterstreicht den gefährlichen Charakter des Ortes. Das Wort muss herausgestellt werden.

Vorschlag: leichte Betonung auf *des* und neuer Impuls auf *le refuge*, (ohne nach *c´est* zu atmen!).

N.B. Die Umstellung des Genitivs ist in der Hochsprache sehr verbreitet.

Analyse der grammatikalischen Struktur

2. *Du sentier des bois aux daims familier* - Leconte de Lisle / Debussy, *Les Elfes*

Vom Pfad der Wälder den Rehen vertraut = vom Waldespfad, der den Rehen vertraut ist

Hier fällt auf, dass das Wort *familier* (vertraut) im Singular ist. Es bezieht sich also auf den Pfad und nicht auf die Rehe: Normaler Satzbau: „*...du sentier des bois / familier aux daims* „.
Damit es dem Zuhörer klar wird, muss eine leichte Zäsur zwischen *des bois* und *aux daims familier* markiert werden (auf keinen Fall binden!). Dies erreicht man durch einen neuen Impuls auf der Silbe *fa-* von *familier.*

3. ...*Que vont charmant masques et bergamasques* - Verlaine, *Clair de lune*, Debussy / Fauré, etc.

([Eure Seele ist eine erlesene Landschaft],... die verzaubernd Masken und Bergamasken erwandern...)

Auch hier bezieht sich das Wort *charmant* nicht auf die Figuren, die herumwandern, als Adjektiv, sonst hätte es im Plural ein *s*. Die verkleideten Menschen sind nicht *charmants* (voller Charme), sondern sie selbst bezaubern, üben aktiv ihren Charme aus; *charmant* ist hier ein Partizip I „verzaubernd“ und kein Adjektiv. Auch hier genügen eine leichte Zäsur nach *charmant* und ein neuer Impuls auf *masques.*

Analyse eines ganzen Satzes

4. ....*Des séraphins en pleurs*
Rêvant, l´archet aux doigts, dans le calme des fleurs
Vaporeuses, tiraient de mourantes violes
De blancs sanglots glissant sur l´azur des corolles.

Stéphane Mallarmé, Debussy, *Apparition*

....*Weinende Seraphim*
- träumend (mit) dem Bogen in der Hand / in der Ruhe
der luftigen Blumen / entlockten sterbenden Violen
ein weißes Schluchzen / gleitend auf dem Azur der
[Blütenkronen.

N.B. Die Übersetzung respektiert die Originaltextanordnung.

Kern der Aussage: *Des séraphins tiraient de violes des sanglots glissant sur les corolles.*

(Seraphim entlockten Violen ein über Blumenkronen gleitendes Schluchzen.)

Die Syntax dieses berühmten Gedichts von Stéphane Mallarmé ist komplex. Versuchen wir sie zu entwirren.
- *rêvant* ergänzt das Wort *séraphins*, indem es eine Parallelhandlung einführt.
- *l´archet aux doigts* ergänzt *rêvant*, indem es die Haltung der träumenden Seraphim ergänzt.
- *rêvant l´archet aux doigts* ist ein sinnvoller Satzteil. Man erwartet aber eine leichte Pause nach *rêvant* (manche Editionen drucken sogar ein Komma nach *rêvant*)
- *dans le calme des fleurs vaporeuses* beschreibt den Ort, an dem die Seraphim sich befinden.
- *de blancs sanglots* sagt uns, was die Seraphim ihren Violen entlocken; *de mourantes violes* präzisiert, woher das Schluchzen kommt, nämlich aus Violen.
- *glissant sur l´azur des corolles* ergänzt *les sanglots (das Schluchzen)*, die über blaue Blumen gleiten.

Vorschlag für mögliche Zäsuren, die die Einteilung in *mots phonologiques* darstellt.

Des séraphins en pleurs || rêvant | l´archet aux doigts | dans le calme des fleurs vaporeuses ||
tiraient | de mourantes violes | de blancs sanglots | glissant sur l´azur des corolles.

Dieses Lied des jungen Debussy wird in Deutschland sehr oft einstudiert.
In dem Kapitel über die Betonung werden wir sehen, wie man durch *accents d´insistance* diese Struktur dem Zuhörer deutlich machen kann.

Freiheit der Strukturierung in manchen Fällen.

Manchmal ist es möglich, den Text verschiedentlich zu strukturieren, ohne die Komposition zu verraten.

5. *Dans le vieux parc solitaire et glacé*

In dem alten Park einsam und eisig... - *Colloque sentimental*, Verlaine / Debussy

[dɑ̃‿lə‿vjø‿park‿sɔ‿li‿tɛ‿re‿gla‿se] Großes langes Legato, Gesamtaussicht auf einem Park im Winter.
[dɑ̃‿lə‿vjø‿park|sɔ‿li‿tɛ‿re‿gla‿se] Der alte Park ist das Hauptelement mit zwei verschiedenen Eigenschaften.
[dɑ̃‿lə‿vjø‿park|sɔ‿li‿tɛr|e‿gla‿se] Der Park ist nicht nur alt, sondern auch noch einsam und eisig kalt, also besonders desolat.

6. *L´âme évaporée et souffrante*

Die verdunstete und leidende Seele - *Romance*, Bourget / Debussy

[lɑ‿me‿va‿pɔ‿re‿e‿su‿frɑ̃‿te] Hier ein Ganzes sehr legato, ein langes phonologisches Wort.
[lɑ‿me‿va‿pɔ‿re|e‿su‿frɑ̃‿te] Die Seele verdunstet nicht nur, sie leidet auch.
[lɑm|e‿va‿pɔ‿re‿e‿su‿frɑ̃‿te] Die Seele wird hier zum Zentrum mit zwei Adjektiven, die ein Ganzes bilden.
[lɑm|e‿va‿pɔ‿re|e‿su‿frɑ̃‿te] Die Seele ist auch hier das Zentrum mit zwei verschiedenen Eigenschaften.

Die liaison, die konsonantische Bindung und der Hiat im klassischen Gesang

Die *liaison* ist eins der charakteristischsten Elemente der französischen Sprache. Kein anderes Idiom hat, soviel wir wissen, ein solches Phänomen hervorgebracht. Es hat zum Teil seinen Ursprung im Mittelalter, in dem die Endkonsonanten gesprochen wurden: *les* hieß z.B. *lez* [lɛz], daher: *lez‿oiseaux.* Später haben diese Konsonanten an Kraft verloren, um schließlich akustisch ganz zu verstummen. Manche sind mündlich vor Vokal automatisch geblieben und heute haben wir immer noch

les‿oiseaux [lɛ‿**z**wa‿zo]

Hinzu kommt, dass *le génie de la langue,* das Sprachgefühl, das die *Pléiade* im XVI. Jh. und später die *Académie Française* mit Eifer verteidigten, den Hiat nicht mochte, weil es ihn hart und unschön fand.
Pierre de Ronsard schreibt:

„ *Les hiatus font les vers merveilleusement rudes en notre langue* "

In unserer Sprache machen die Hiate die Verse erstaunlich rau – (Grammont, *Petit Traité de Versification française,* s.29).

Die *liaison* wird zu einer der Säulen der Hochsprache und – umso mehr – der Lyrik. Sie hat tatsächlich großen Anteil an der Musik und am fließenden Charakter der französischen Sprache.

Die Regeln über den Gebrauch der *liaison* sind komplex und nicht immer logisch. Sie erfordern sehr gute Kenntnisse der Grammatik und der Rechtschreibung, die so automatisiert sein müssen, dass man sie mündlich problemlos beherrschen kann. Es ist heute offenbar nicht mehr der Fall, die *liaison* wird im Alltag zunehmend vernachlässigt und ist im Begriff, ganz zu verschwinden. Es ist sogar davon die Rede, sie gar nicht mehr zu unterrichten. Man ignoriert sie also immer mehr mit Ausnahme vielleicht von gebildeten Kreisen, die das, was man noch vor einem halben Jahrhundert *le bon français* (das gute Französisch) nannte, heute noch pflegen und genießen. Im Alltagsleben und schlimmer noch in den Medien verschwindet sie täglich. Das Ohr hat sich an den ach! so *merveilleusement* bequemen Hiat gewöhnt. Für das klassische Theater und den klassischen Gesang ist das natürlich ein Problem. Vor einigen Monaten stellte eine junge Moderatorin bei *France-Musique* – dem Musentempel der Rundfunkanstalten – *Après'un rêve* von Gabriel Fauré vor. Ohne *liaison...*

Es genügt aber auch nicht die Regeln zu kennen. Je mehr man sich mit der Frage auseinandersetzt, umso schwankender wird der Boden. Es wird schließlich offensichtlich, dass das Problem mehr oder weniger eine Geschmacksfrage ist. Aber dieser Geschmack muss sich natürlich auf einige zuverlässige Kriterien stützen.
Es ist im Gesang vielleicht noch etwas heikler, da es nicht nur um den mehr oder weniger literarischen Stil eines Textes geht, sondern auch um die Art, wie dieser vertont wurde.

Die Arbeit mit Studierenden und professionellen Sängern aus verschiedenen Nationalitäten machte es notwendig, sich näher mit diesem unerschöpflichen Thema zu beschäftigen und es zu vertiefen. Die nächsten Seiten nehmen sich vor, Regeln zusammenzufassen, die immer noch existieren, eine Orientierung geben und respektiert werden sollten. Darüber hinaus stellt sich die Frage eines Gleichgewichts zwischen einer Tradition, deren Gesetze heute uns zum Teil wirklich veraltet vorkommen können, und aktuellen akustischen Gewohnheiten, die sich stark verändert haben (was an sich nicht schlecht sein muss), die aber – man sollte es klarsehen – auf den unleugbaren Niedergang eines bestimmten stilistischen Niveaus zurückzuführen sind.

AUSGANGSPUNKT

In der französischen Sprache kann man mindestens fünf verschiedene Sprachniveaus unterscheiden:

- Einen schlampigen bis vulgären Sprachstil, der mehr und mehr das öffentliche Leben infiltriert, sowohl in den Medien, als auch in der Literatur, wobei wir von der Bühne und der Filmkunst gar nicht reden wollen.
- Den privaten Stil, den man mit der Familie oder im Freundeskreis pflegt, der auch nicht immer besonders vornehm sein muss und für die *liaison* immer weniger übrig hat.
- Den alltäglichen Stil, der in den sozialen Beziehungen mit Unbekannten, beim Arzt und Behörden üblich ist.
- *Le langage soutenu* (die gepflegte Sprache), der in Konferenzen, im politischen Diskurs, manchen kulturellen Veranstaltungen noch die Regel ist.
- Einen besonders gepflegten Stil, der zu einer bestimmten Literatur gehört und in der Lyrik üblich war.

Der klassische Sänger hat hauptsächlich mit dieser letzten Kategorie zu tun. Fast alle Texte der Gesangsliteratur, befinden sich auf diesem hohen Sprachniveau.

In ihrem kostbaren Buch *Dire le vers* (*Lyrik vortragen*), das hauptsächlich der Diktion des in der französischen Literatur so wichtigen Alexandriners (Vers von zwölf Silben) gewidmet ist, erläutern Jean-Claude Milner und

François Regnault (der eine Schriftsteller, der andere Sprachwissenschaftler) die bis Ende des XIX. Jh. gültigen Regeln und erklären:

« *En droit toutes les liaisons se font à l´intérieur du vers !* » (cf. Milner/ Regnault, S. 52)
(Gesetzmäßig werden innerhalb eines Verses alle *liaisons* gemacht.)

und abschließend:

« *En vers… la question ne doit pas être : quelle liaison est-il évitable de faire ?*
mais bien : quelles liaisons est-il insupportable de faire ? » (cf. Milner/Regnault, S. 59)
(In der Lyrik darf nicht die Frage sein: *Welche Liaison ist vermeidbar?*
sondern wohl: *Welche ist wirklich unerträglich?*)

Wir denken, dass auf unserem Gebiet vielleicht nicht alles so streng wie in den Tragödien von Corneille und Racine (den großen Klassikern des XVII. Jh.) gehandhabt werden sollte, aber diese Informationen bieten eine unschätzbare Hilfe.

MÖGLICHE BEZIEHUNGEN ZWISCHEN ZWEI WÖRTERN, DIE AUFEINANDERFOLGEN

Die liaison (oder die Bindung, Verbindung)

Wenn ein Endkonsonant, der normalerweise stumm ist, auf einen Vokal oder ein *stummes h* am Anfang des nächsten Wortes stößt, spricht man von *liaison*, wenn er akustisch „reaktiviert“ wird. Der Konsonant und der Vokal verschmelzen dann zu einer Silbe.

un‿amour [œ̃‿**na**‿mur] / *des‿amours* [dɛ‿**za**‿mur] // *un petit‿enfant* [œ̃‿pə‿ti‿**tɑ̃**‿fɑ̃] / *des petits‿enfants* [dɛ‿pə‿ti‿**zɑ̃**‿fɑ̃]
un‿~~h~~ôtel [œ̃‿**no**‿tɛl] / *des‿~~h~~ôtels* [dɛ‿**zo**‿tɛl]

Die konsonantische Bindung

- Endet ein Wort mit einem gesprochenen Konsonanten und stößt auf einen Vokal (bzw. ein *h muet*) im nächsten, nennt man das eine *konsonantische Bindung*. Der Effekt ist der gleiche wie bei der *liaison*.

un pur‿amour, un journal‿~~h~~ebdomadaire, car‿il viendra

- Endet das erste Wort mit einem Schwa, verschwindet dieses und es entsteht eine konsonantische Bindung mit dem letzten gesprochenen Konsonanten. Dies nennt man *Elision* (Erinnerung).

une pur~~e~~‿amitié [y‿nə‿py‿**ra**‿mi‿tje], *une grand~~e~~‿~~h~~armonie* [y‿nə‿grɑ̃‿**dar**‿mɔ‿niə]

In der Musik gibt es bis auf wenige (meist ungeschickte) Ausnahmen nur eine Note für beide Silben.

- Endet ein Wort mit zwei Konsonanten, bei denen einer gesprochen wird, wird dann mit diesem gebunden.

le mor~~s~~‿aux dents [mɔ‿ro‿dɑ̃]
mor~~t~~‿exquise [mɔ‿rɛk‿ski‿zə] - Lahor / Duparc, *Extase*
Dans ton cœur dor~~t~~‿un clair de lune [dɔ‿rœ̃] - Lahor/Duparc, *Chanson triste*

- Wenn es sich um eine *Flexionsendung* handelt, d.h. wenn die Endung eines Wortes eine grammatikalische Funktion erfüllt (z.B. Plural oder Verb-Endung…), dann wird der letzte Konsonant reaktiviert (Hochsprache).

Morts‿exquises [mɔr-**zɛ**ks-ki-zə]
Tu perds‿un ami très cher [ty‿pɛr‿**zœ̃**‿na‿mi‿trɛ‿ʃɛr]

- Ausnahme bei Verben 3. Pers. Sing.

Il dor~~t~~‿agréablement [dɔ‿**ra**‿gre‿a‿blə‿mɑ̃] / *tu dors‿agréablement* [dɔr‿**za**…]

Der Hiat

- Der Hiat ist schon vorgestellt worden

Il va‿au cinéma	*à‿en mourir*
[il‿va‿o‿si‿ne‿ma]	[a‿ɑ̃‿mu‿rir]
er geht ins Kino	zum Sterben

- Ist ein Endkonsonant bei manchem Substantiv Singular, einigen Pronomen und Adverbien stumm, dann gibt es einen Hiat.

chacun‿à son goût	*mon chemin‿ardu*	*un chat‿agile*	*un galop‿épuisant*
[ʃa‿kœ̃‿a‿sõ‿gu]	[mõ‿ʃə‿mɛ̃‿ar‿dy]	[œ̃‿ʃa‿a‿ʒilə]	[œ̃‿ga‿lo‿e‿pɥi‿zɑ̃]
Jedem nach seinem Geschmack	mein harter Weg	eine flinke Katze	ein erschöpfender Galop

- Im Plural dagegen muss man in der Hochsprache die Flexionsendung verbinden.

des buissons‿ardents /	*des chemins‿ardus* /	*des chats‿agiles* /	*des galops‿épuisants*
[dɛ‿bɥi‿sõ‿zar‿dɑ̃]	dɛ‿ʃə‿mɛ̃‿zar‿dy]	[dɛ‿ʃa‿za‿ʒi‿lə]	[dɛ‿ga‿lo‿ze‿pɥi‿zɑ̃]

- Bei einem *h aspiré* entsteht ebenfalls ein Hiat, da eine *liaison* verboten ist.

Les‿Hauts de‿Hurlevent [lɛ‿o‿də‿yr‿lə‿vɑ̃] (Französischer Titel des englischen Romans *Wuthering Heights* von Emily Brontë)

N.B. *Tout‿hérissé* [tu‿te‿ri‿se] (Maurice Ravel, *Nicolette*). Das *h* von *hérisser* ist aspiriert, aber hier ist der Hiat besonders unangenehm. Aus euphonischen Gründen zieht man es vor, den Buchstaben *t* mit *hérisser* zu verbinden.

Die Zäsur

Die Zäsur bedeutet – so kurz auch immer – eine Pause zwischen zwei Wörtern.
- Sie kommt bei Interpunktionszeichen oder bei einer Pause in den Noten.
- Man kann aber auch darauf zurückgreifen, wenn die oben dargestellten Möglichkeiten einer *liaison* nicht in Frage kommen. (S. folgende Beispiele 8 und 23)

DIE ENDKONSONANTEN

Die Flexions- oder grammatikalische Endung (s.o. 4. Absatz *Konsonantische Bindung*)

Es gibt fünf Konsonanten, die eine *Flexion* markieren.

- ***s*** und ***x*** markieren einen Plural — *les chants* (die Gesänge) / *les oiseaux* (die Vögel)
  bei Verben markiert ***s*** die 2. Pers. Sing. — *tu chantes* (du singst) / *tu souris* (du lächelst)
  z die 2. Pers. Pl. — *vous allez* (ihr geht) / *vous irez* (ihr werdet gehen).
- ***t*** findet sich bei den 3. Pers. Sing. und 3. Pers. Pl. — *il dit* (er sagt) / *ils disent* (sie sagen)
- ***r*** ist Flexionsendung beim Infinitiv (*chanter*) und bleibt stumm nur bei Verben, die mit *-er* enden.
  chanter (singen) / *aller* (gehen) / *fumer* (rauchen)...

In der Hochsprache kann die Flexionsendung fast immer gebunden werden, vor allem in der Lyrik.

Immer:	*les‿arts*	*aux‿anges*	*allez-y*	*dit-il*	Hochsprache:	*tu aimes‿à rêver*	*ils aiment‿à rire*	*aimer‿et mourir*
	die Künste	selig	los	sagt er		du magst träumen	sie lachen gern	lieben und sterben

Die anderen stummen Endkonsonanten

Konsonanten, die zum Wort gehören, können auch gebunden werden, nur nicht bei Substantiven im Singular

[z]: *s, x, z*	[f] / [v]: *f*	[t]: *t* / *d*	[n]
très‿aimé / *doux‿ami* / *chez‿eux*	*neuf‿enfants* / *neuf‿heures*	*vingt‿ans* / *un grand‿arbre*	*en‿attendant*
sehr beliebt / süßer Freund / bei ihnen	neun Kinder / neun Uhr	zwanzig Jahre / ein großer Baum	wartend/solange
[p]	[r]	[k]: *c, q, g*	
trop‿âgé	*aimer‿à loisir*	*donc‿il va* / *cinq‿enfants* / *un long‿été*	
zu alt	lieben nach Lust und Laune	also geht er / fünf Kinder / ein langer Sommer	

Le son de liaison (Bindelaut)

Wir wissen, dass die französische Sprache den Hiat nicht mag. Es geht so weit, dass sie manchmal einen Konsonanten, den es sonst nicht gibt, zwischen zwei Vokalen einschiebt, damit der Diskurs flüssiger wird. Diesen Konsonanten nennt man geläufig *son de liaison*, wörtlich *Bindelaut*.
Der Konsonant richtet sich nach der grammatikalischen Flexionsendung, die man an der Stelle erwarten würde.

il va (er geht) ergibt als Frage *va-t-il ?* (geht er?) (***t*** Endung 3. Pers. Sing.) / *donne-moi* (gib mir) aber *donnes-en* (gib davon) (***s*** = 2. Pers. Sing.)

Es gibt auch Erstaunliches

entre quat'zyeux [ɑ̃‿trə‿kat‿zjø] statt *entre quatre yeux* - unter vier Augen

Hier suggeriert das Wort *quatre* (vier) ein Plural, also *liaison* mit imaginärem ***s***; die Laute ***r*** u. ***e*** sind elidiert.

N.B. Erinnern wir außerdem an die euphonische Funktion vom „*l´*" vor *on* (S.36).

Mögliche Probleme bei der liaison

Bei Unklarheit zwischen Singular und Plural bei Wörtern mit entsprechendem Endkonsonanten macht man die *liaison* im Singular nicht.

Leur voix‿appelle, ihre Stimme ruft, Sing. → Hiat) ≠ *leurs voix‿appellent*, ihre Stimmen rufen, Pl. → *liaison*) – (*Manon, Gavotte*)

Wörter mit gesprochenem *s* im Singular wie *le fils* [lə‿fis] – der Sohn

- ***s*** bleibt [s] im Singular — *le fils aimé* [lə‿fi‿sɛ‿mé] – der geliebte Sohn
- [sz] ist im Plural möglich, macht auch Sinn, aber wenige Sänger machen davon Gebrauch.

le fils‿aimé ≠ *les fils‿aimés* [fis‿zɛ‿me]

le sens‿obligatoire ≠ *nos sens extasiés*

[lə‿sɑ̃‿sɔ‿bli‿ga‿twa‿r(ə)] Einbahnstraße (wörtl. die obligatorische Richtung) ≠	[no‿sɑ̃s‿zɛk‿sta‿zi‿e] heute *En Sourdine,* Verlaine, Fauré/Debussy unsere verzückten Sinne

Häufung von homophonen Konsonanten (gleiche Laute) in einem Satz. Die *liaison* ist zu vermeiden oder diskret zu behandeln, es sei denn, es handelt sich um einen komischen Effekt wie im folgenden Beispiel.

*Vous‿ici, je vous croyais‿**au** zoo*
[vou-z-i-si | ʒə-vu-krwa-jɛ-zo-zo]
Sie hier? Ich dachte, Sie seien im Zoo
zozo klingt in dem Fall etwa wie *blemblem* auf Deutsch

Zu vermeidende Missverständnisse

*C´est **bien‿u**tile,* hier *liaison*	≠	*c´est un **bien**'**u**tile,* keine *liai*
Es ist sehr nützlich (Adv. + Adj.)	≠	es ist ein nützliches Gut (Subst. Sing. + nachgestelltes Adj.)
*Nous chantons bie**n** ' **a**ssis*	≠	*nous chantons* | *bie**n‿a**ssis*
Adv. *bien* bezieht sich auf *chantons*		Adverb *bien* bezieht sich auf *assis*
Im Sitzen singen wir gut: keine *liaison*	≠	Wir singen bequem sitzend: *liaison*

ALLGEMEINE REGELN IN BEZUG AUF DIE LIAISON

Lautänderung mancher Konsonanten

Wenn sie gebunden werden, ändern sich manche Konsonanten.

- ***s*** und ***x*** sprechen sich [z] *Les‿oiseaux, l´île aux‿oiseaux* (Die Vogelinsel)
- Ausnahmen, wenn ***x*** und ***s*** im Singular ausgesprochen werden (s.o.)

*des fils‿**ai**més* [sz] (s.o. ausgesprochene Endung ***s*** im Singular)
des sphynx‿allongés [dɛ‿sfɛ̃**ks**‿a‿lɔ̃‿ʒe], *sphynx* hat keine Pluralform und ***x*** bleibt [ks]

- ***d*** wird zum [t] — *un gran**d‿h**omme* [œ̃-grɑ̃-tɔ-m[ə]] (ein großer Mann)
- ***f*** wird zum [v] nur bei — *neu**f‿h**eures, neu**f‿a**ns,* sonst [f] wie bei *neu**f‿é**léphants*
- ***g*** wird zum [k] — *un lon**g‿é**té* (ein langer Sommer) / *un san**g‿i**mpur* (ein unreines Blut) (diese *liaison* wird als unangenehm empfunden und ist im Begriff zu verschwinden)

Lautänderung mancher Vokale

- Manche Nasalvokale verlieren ihre Nasalität.
  - ***-ain*** / ***-ein*** [ɛ̃] wird zum [ɛ] — *un certai**n‿â**ge* [œ̃‿sɛr‿t**ɛ‿n**ɑ‿ʒə] – ein gewisses Alter; *en plei**n‿é**té* [ɑ̃‿pl**ɛ‿n**e‿te] – mitten im Sommer
  - ***-ien*** [jɑ̃] wird zum [jɛ] — *un ancie**n‿a**mi* [œ̃‿nɑ̃‿sj**ɛ‿n**a‿mi] – ein früherer Freund

    Ausnahme: [jɛ̃] bleibt [jɛ̃] — ***rien*** und ***bien***

*rie**n‿à** faire* [rjɛ̃‿na‿fɛ‿re] – nichts zu tun / zu wollen – ***bien-aimé*** [bjɛ̃‿nɛ‿me] - Geliebter

  - ***-in-*** wird zum [i] bei — le *Divi**n‿e**nfant* [di‿vi‿nɑ̃‿fɑ̃] – das Göttliche Kind
  - ***-on-*** verliert der Tradition nach seine Nasalität bei *mon, ton* und *son* (mein, dein, sein) und wird zum [ɔ].

*mo**n‿a**mi* [mɔ‿na‿mi] – mein Freund, *so**n‿a**mi* [sɔ‿na‿mi] – sein Freund

N.B. Diese Regel gehört wohl zu denen, die man in Frage stellen kann, denn es klingt mittlerweile künstlich und preziös. Außerdem unterscheidet sich der Nasalvokal [õ] akustisch besser von seiner Umgebung. Aber manche Sänger halten an der Tradition fest. In manchen Liedern und in der Barockmusik ist sie durchaus angebracht.

- Bei dem weiblichen Possessivadjektiv Singular (*ma, ta, sa*) wird ***a*** zum ***on*** vor Vokal oder *h muet*.

Nicht ~~*ma*~~ *amie* sondern *mo**n‿a**mie, to**n‿a**rme, so**n‿h**armonie*

Das Pronomen ***on*** (man) bleibt in jedem Fall nasal.

*o**n‿a** froid* [õ‿na‿frwa] (man friert), *o**n‿e**ntend bien* [õ‿nɑ̃‿tɑ̃‿bjɛ̃] (man hört gut)

Liaison vocalique

Generell macht man keine *liaison* bei den meisten Wörtern mit Nasalendung, auch nicht mit zusätzlichem stummem Konsonanten, es entsteht dann ein Hiat. Dies gilt für Substantive Singular, Pronomen, Bindewörter.

- Der Hiat wird dennoch legato gesungen, deshalb spricht man von *liaison vocalique* („vokalische Bindung").

*Le charbo**n** '**e**st noir*	*un jardi**n** '**a**nglais*	*un po**nt** '**e**n bois*	*sino**n** '**i**l reste*	*chacu**n** '**à** son goût*
Kohle ist schwarz	ein englischer Garten	eine hölzerne Brücke	sonst bleibt er	jedem nach seinem Geschmack

Ausnahmen
Der unbestimmte Artikel ***un***, das Adjektiv *aucun* (nicht das Pronomen!), die Präposition ***en*** und das Pronomen ***on*** (s.o.) werden gebunden.

un *ancien maître*	*aucun étudiant*	***en*** *arrivant*	***on est*** *bien*
ein ehemaliger Meister	kein Student	bei der Ankunft	man fühlt sich wohl

Stummes und aspiriertes h

Hier sei daran erinnert, dass beide stumm sind. Das *stumme h* spielt phonetisch keine Rolle, während ein *aspiriertes h* am Anlaut, selten innerhalb, das Wort (oder die Silbe) von seinem Vorgänger trennt, es darf weder *liaison* noch Elision geben, auch nicht im Plural.

l'hôtel, les hôtels ≠ *le* ***'hibou*** [lə i bu], ***les 'hiboux*** [lɛ i bu] – (*hibou* = Uhu) / ***dehors*** [də ɔr] – draußen

Hinweis: Die Wörter mit aspiriertem *h* kommen in der Regel aus anderen Sprachen als aus dem Latein.

Wann wird herübergezogen?

- Die Bindung hängt zum Teil von der grammatikalischen Natur und der Beziehung der Wörter zueinander ab, wie sie platziert sind und ob sie zum selben *mot phonologique* gehören. Ein Beispiel von Vincent Vivès:

les savants ***aveugles***	*savants,* Adjektiv, *aveugles,* Substantiv (wissende Blinden) → *liaison*
les savants' ***aveugles***	*savants,* Substantiv, *aveugles* Adjektiv (blinde Wissenschaftler) → keine *liaison*

- Je gepflegter der Stil ist, umso zahlreicher sind die Möglichkeiten einer *liaison.* Mit freundlicher Erlaubnis Ihrer Urheberin, *Evelyne Saunier*, ist am Ende dieses Kapitels eine beim Eurokongress (EVTA) der Gesang-pädagogen 2000 in Lyon vorgelegte Tabelle über den Gebrauch der *liaison* . Die Fälle sind klar gegliedert: Vier Spalten für vier Sprachebenen, ausgehend von der grammatikalischen Eigenart der Wörter und ihrem Platz untereinander. Die vierte, hochsprachliche Ebene verzeichnet Fälle, die nur in der Lyrik vorkommen. (Ab S.68)

- Denn manche *liaisons*, die sonst verboten sind, waren in der Lyrik nicht nur erlaubt, sondern auch noch Pflicht. Dies bedeutet, dass man sie heute sorgfältig erwägen sollte, bevor man sie streicht.

- Generell kann man sagen, dass die *liaison* zwei Elemente miteinander verbindet. Damit fördert sie in hohem Maße die Musikalität des Textes und das musikalische Legato. Gleichzeitig kann sie in manchen Fällen dazu führen, Konturen zu verwischen. Auf der anderen Seite kann in manchen Fällen ein Verzicht auf die *liaison* Kontraste unterstreichen, manchen Wörtern mehr Relief verleihen oder die Klarheit des Diskurses verbessern.

Wann darf man keine liaison machen?

- Nach einem Interpunktionszeichen, Komma, Semikolon, Punkt, etc.
- Nach einer musikalischen Pause, bis auf ganz wenige Ausnahmen
- Prinzipiell darf der stumme Endkonsonant eines Substantivs Singular mit dem nächsten Wort nicht gebunden werden. (Ausnahmen in der Lyrik möglich)
- Die *liaison* ist nach manchen Wörtern wie *et* oder *chacun* verboten.
- Der Fall vom Adverb *toujours* (immer): Nach L. Warnant wird nur vor einem Adjektiv - *toujours élégant* und in der Wendung „*toujours est-il*“ (in etwa: *Wie dem auch sei*) gebunden. In der Lyrik darf die *liaison* sein.

Das Bindewort „et“ (und)

Das ***t*** wird NIE gebunden!
Aber das ***e*** ist öfters problematisch, denn es stimmt nicht, dass durch *et* miteinander verbundene Wörter immer gebunden werden müssen. Im Gegenteil: Pierre Fouché erkennt nur ein paar wenige Fälle an, selbst in der Hochsprache (cf. Fouché S.441). In *Dire le vers* wird die Frage nicht behandelt. Für Léon Warnant scheint die *liaison* eher selbstverständlich.

Les hommes ***et*** *les femmes* (die Männer und die Frauen); *beaux* ***et*** *frais* (schön und frisch)

Dies ist in der Lyrik auf jeden Fall richtig, zumal die Silbe *-mes* von *hommes* metrisch sicherlich zählen würde. Dennoch muss man feststellen, dass *et* nicht immer Elemente gleicher Natur verbindet, öfters handelt es sich sogar um Kontraste oder um Wörter unterschiedlicher Natur und Intensität. In solchen Fällen wird ein Verzicht auf die *liaison* vielleicht sinnvoller sein. (s. u. Beispiele 1 und 2).

1. *Tant de baisers'* ***et*** *de tendresse* – J. Lahor/H. Duparc, *Chanson triste*

Zunächst gibt es das Problem der zwei [z], die unschön aufeinanderfolgen würden [bɛzeze]. Aber es ist interessant festzustellen, dass bei Rémy Stricker *(Les Mélodies de Duparc)*, der sich sicherlich auf ein Manuskript von Jean Lahor stützt, das Wort *tendresse* im Singular steht, was dem Wort eine andere Bedeutung gibt. Im Plural geht es um *Zärtlichkeiten*, im Singular um das *Gefühl* der Zärtlichkeit. Dann haben wir zwei

Ebenen: *Küsse* und *Zärtlichkeit*. Es ist anzunehmen, dass hier *Zärtlichkeit* gemeint ist. Der Verzicht auf eine *liaison* macht es klar, er kann auch die Stelle intensiver machen.

2. *Tu m´appelais et je quittais la terre* – *Après un Rêve*, R. Bussine/G. Fauré

Hier gibt es eigentlich zwei Möglichkeiten. Die Phrase ist lang und manch eine(r) möchte gerne dazwischen atmen. Die Interpretation lässt es zu: Bei *liaison* entsteht eine Art Schwerelosigkeit, ein Flug durch das Weltall, ein Zug zur Angebeteten wie durch ein unsichtbares Band. Sollte man die Zäsur (mit oder ohne Einatmen) vorziehen, bekommt die Phrase mit einem neuen Impuls auf *et* eine gewisse Dynamik, man sieht, wie der Liebende mit Schwung auf den Ruf der Geliebten reagiert. Beide Möglichkeiten lassen sich vertreten.

Die liaison und die grammatikalische Struktur

3. *Ainsi qu´on voit des blés les épis'onduler* – *Samson et Dalila*, C. Saint-Saëns, Arie der Dalila
wörtlich: Wie man sieht des Korns die Ähren sich wellen

Hier geht es um einen vorgezogenen Genitiv. Üblich wäre: *on voit onduler les épis des blés.* (wörtlich: Man sieht sich wellen die Ähren des Korns). In der vorhandenen Struktur sind die *Ähren* von dem *Korn* durch das Verb *onduler* getrennt: Die *liaison* erübrigt sich.

4. *Car nous nous en allons / Comme s´en va cette onde, / Elle'à la mer, nous'au tombeau*
Wörtlich: Denn wir gehen / wie diese Welle geht / sie zum Meer, wir zum Grab – Bourget/Debussy, *Beau soir*

Elle (va) à la mer, nous (allons) au tombeau.

Das Verb *aller* wird elidiert: Keine *liaison* und leichte Zäsuren.

Die liaison und le mot phonologique

Sprachliche Regel: Man macht keine *liaison* zwischen phonologischen Wörtern.

Les chats / ont généralement le poil soyeux.
Katzen haben im Allgemeinen seidiges Haar

Eine *liaison* zwischen *chats* und *ont* ist unüblich. Nicht jedoch in der Lyrik, denn die ganze Zeile würde als *mot phonologique* betrachtet (*Dire le vers*, S.52, A). Als Beispiel eines solchen zitieren Milner und Regnault:

Pour qui sont ces serpents qui sifflent sur nos têtes ? (Racine, *Andromaque*)
Für wen sind diese Schlangen, die über unseren Köpfen zischen? – Die [s]-Alliteration schafft verstärkt die Einheit der Zeile

Die sprachlichen Regeln können also mit deren der Lyrik kollidieren und in Versen ist manche verbotene *liaison* möglich, sogar obligatorisch. So entstehen heute Probleme, denn *liaisons*, die von ihren Autoren vorgesehen waren, werden heute unter dem Vorwand ignoriert, dass „man sie heute nicht mehr macht".

5. *Je dis hélas / que je réponds de moi* (Arie der Micaëla, *Carmen*)
Ich sage leider, dass ich meiner sicher bin

Die *liaison* mit ***hélas*** war früher üblich (heute nur noch Hochsprache), hier haben wir ein *mot phonologique*: *Je dis hélas*. Das Wort *hélas* ist ein Ausrufungswort (Interjektion), das sich auf *je dis* bezieht; das *h* ist stumm, lässt also eine *liaison* zu. Außerdem geht der musikalische Bogen eindeutig bis nach *hélas* durch. Wenn es eine Zäsur gibt, ist sie auf jeden Fall vor *que je réponds de moi* (*mot phonologique* und Nebensatz). Die *liaison* ist hier vollkommen logisch. und nach den Regeln sogar zwingend.

Manchmal ist es allerdings besser, nicht zu binden.

6. *Pour passer la nuit* ' ***aux*** *étoiles* – *Sérénade italienne*, Bourget/Chausson
Wörtlich: Um zu übernachten unter den Sternen

Wir haben hier zwei phonologische Wörter: *passer la nuit* (was? *übernachten*) und ergänzend hinzu *aux étoiles* (wie? *unter den Sternen*); *nuit* ist außerdem ein Substantiv Singular: Kein Grund zur *liaison*, dennoch ist es in der Lyrik möglich.

7. …*rêvant l´archet* ***aux*** *doigts* – *Apparition*, Mallarmé/Debussy
wörtlich: träumend der Bogen an den Fingern

Dieser Ausschnitt ist uns bereits bekannt; *l´archet aux doigts* ist ein phonologisches Wort, das die Haltung der musizierenden Seraphim beschreibt. Es handelt sich hier zweifellos um einen dieser Fälle, bei dem die *liaison* trotz des Substantivs Singular zu empfehlen ist. Das Hauptargument ist neben der Einheit des Bildes das besonders hohe Sprachniveau des Gedichts insgesamt und vor allem seine Musik (ein klares Anliegen des Dichters), die Stelle wird außerdem auf einem Ton gesungen. Ein Hiat an der Stelle wäre nicht stilgerecht. In fünf neueren Interpretationen wird die *liaison* von vier (französischen) Sopranistinnen ignoriert… Ältere Aufnahmen sind uns leider nicht bekannt, da diese *mélodie* ziemlich spät in das gängige Repertoire aufgenommen wurde.

Euphonische Probleme

8. *Je m´égratignais'aux‿épines* – Gravollet / Debussy, *Dans le jardin*
Ich zerkratzte mich an den Dornen

Hier geht es darum, will man beide *liaisons* machen, dass zwei [z] aufeinander folgen würden (homophone Konsonanten, s. o.). Dies wird als unangenehm empfunden. Da *aux‿épines* eine automatische *liaison* ist, muss auf die erste *liaison* verzichtet werden.

Einige Sonderfälle

9. *Dans le grand parc solitaire et glacé*
Deux formes ***ont*** *tout à l´heure passé.* – Verlaine/Debussy, *Colloque sentimental*
Im großen einsamen und vereisten Park sind vorhin zwei Gestalten vorbeigezogen.

Phonologische Struktur: *Deux formes / ont tout à l´heure passé.*
Beruft man sich auf die französische Verslehre, hat Verlaine auf jeden Fall eine *liaison* vorgesehen, denn das ganze Gedicht besteht aus Zehnsilbern, die Silbe *-mes* von *formes* gehört also zum Zehnsilber, sonst wären es nur neun; folglich muss gebunden werden, denn ein Hiat wäre grammatikalisch falsch, da man einen Singular statt eines Plurals hören würde. Beim Sprechen des Gedichts ist die *liaison* Pflicht. Wir werden aber sehen, dass die Frage in der Vertonung von Debussy sich anders darstellt (s. Beispiel 22).

10. *Seul dans la nuit immense…*
Wörtlich: Allein in der Nacht unermesslichen
Théophile Gautier, *Lamento*, mehrere Komponisten, hier Berlioz aus *Les Nuits d´été*

Die sprachliche Regel sagt, dass man keine *liaison* mit einem Substantiv Singular machen soll. In der Lyrik war es aber zur Zeit Gautiers nicht nur erlaubt, sondern die Regel. Man kann sich außerdem schlecht vorstellen, dass Théophile Gautier einen Hiat gewollt habe, der grundsätzlich verpönt war. Man muss zugeben, dass die komponierte Stelle bei Berlioz nicht besonders komfortabel ist, sie liegt tief und die Phrase ist lang.

Régine Crespin macht die *liaison*, aber *Pierre Bernac* in *The Interpretation of French Song* (cf. S.41) empfiehlt eine Zäsur. Eine *liaison indirecte* (s. unten) wäre auch denkbar. Wie die Entscheidung auch fällt, muss sie dem Text, der Musik und der Stimmung dienen.
Das Wort *immense* (unermesslich) verdient es, zur Geltung gebracht zu werden. Man kann auf der Silbe ***im-*** [im] einen leichten neuen Impuls geben und das ***t*** am Ende von *nuit* diskret aussprechen. Was gar nicht geht, ist an der Stelle zu atmen (das gibt´s!) und noch weniger [nɥi‿immɑ̃sə] wie es in einer neueren Aufnahme zu hören ist. In der Vertonung von Fauré fällt die Entscheidung leichter: Die gleichmäßige Bewegung der Achtelnoten lädt zur *liaison* förmlich ein.

DER TECHNISCHE ASPEKT DER LIAISON UND DER KONSONANTISCHEN BINDUNG

Es ist hoffentlich überflüssig zu sagen, dass eine *liaison* niemals übertrieben werden darf, es sei denn, man sucht einen bestimmten (komischen) Effekt. Man soll nicht vergessen, dass der gebundene Konsonant nur ein verbindendes Element zwischen zwei Wörtern, das den Text nicht entstellen darf. Er muss also diskret und im Legato artikuliert und niemals als Beginn des neuen Wortes empfunden werden. Auf dieser Weise können alle *liaisons* einschließlich derer, die man heute „altmodisch“ finden mag, realisiert werden, ohne für heutige Ohren unangenehm zu werden.

Wird auf eine *liaison* verzichtet - aus welchem Grund auch immer -, darf kein Glottisschlag entstehen. Der Übergang muss weich und legato sein. Selbst bei der *liaison indirecte* muss man sich bemühen, das Legato der ganzen Phrase zu respektieren.

Denn es gibt zwei Arten der Bindung: Die *direkte* und die *indirekte liaison.*

Die direkte liaison und die automatische liaison

Die *automatische liaison* ist die *liaison*, die das Kleinkind schon in der Wiege lernt. Das Ohr kennt es nicht anders und es wird nicht darüber nachgedacht.

Les‿oiseaux [lɛ**z‿wa**‿zo] ; *on‿est bien* [õ‿**n‿ɛ**‿bjɛ̃] ; *c´est‿à toi* [sɛ‿**t‿a**‿twa]

Unter *liaison directe* versteht man die Art von *liaison*, die zwei Silben miteinander verbindet.
- Der gebundene Konsonant wird am Anfang der nächsten Silbe gesprochen und formt sie zu einer neuen:
- Die *liaison directe* geschieht, wenn man den gebundenen Charakter einer Passage betonen möchte.

Die indirekte Liaison

Die *liaison indirecte* bietet die Möglichkeit, eine bestimmte Struktur hervorzuheben, die in einer allzu glatten

Phrasierung Gefahr laufen würden zu verschwimmen. (S. Beispiele 11 u. 12)

Technik der indirekten *liaison* und der indirekten konsonantischen Bindung

- Der gebundene Konsonant wird am Ende der ersten Silbe artikuliert, die zweite Silbe beginnt mit dem Vokal

car il viendra [car‿il‿vjɛ̃dra] – denn er wird kommen

- Man kann den betroffenen Konsonanten verschieden stark aussprechen.
- Es ist wichtig im Geist des Legatos zu bleiben (nicht mit einer Zäsur verwechseln).
- Die *liaison indirecte* kann manches Missverständnis vermeiden. Ein exzellentes Beispiel von *Vincent Vivès*, Doktor der Literatur und der Musikwissenschaft, in dem der Konsonant [p] in beiden Fällen obligatorisch ist:

trop peureuse ≠ *trop heureuse* – Charpentier, *Louise*, Arie der Louise
[trɔ‿pœ‿rø‿zə] [trɔp‿œ‿rø‿zə]
zu ängstlich zu glücklich

Beispiele von indirekter *liaison*

11. *Si... je m'éveillais* ***a****vant son retour*
[si‿ʒə‿me‿vɛ‿jɛz‿a‿vɑ̃‿sɔ̃‿rə‿tur]
Wenn ich vor seiner Rückkehr aufwachen würde – Arie der Juliette, Gounod, *Roméo et Juliette*

Man kann das Ganze als phonologisches Wort betrachten, denn *avant son retour* funktioniert wie ein Adverb wie etwa: *Je m'éveillais tôt* (Ich erwachte früh). Musikalisch haben wir nach einer Folge von Sechzehntelnoten eine „lange" punktierte Achtelnote auf dem [jɛ] de *éveillais*, was an der Stelle zu einer Art Ruhe einlädt. Möglich ist: [ʒə‿me‿vɛ‿jɛ‿za‿vɑ̃‿sɔ̃‿rə‿tur], aber dringender klingt: [ʒə‿me‿vɛ‿jɛz‿**a**‿vɑ̃‿sɔ̃‿rə‿tur]

12. *Cette pensée horri****ble a*** *glacé tout mon sang!*
[sɛ‿tə‿pɑ̃‿se‿ɔr‿ri‿bla‿gla‿se‿tu‿mɔ̃‿sɑ̃]
Dieser entsetzliche Gedanke ließ mir das Blut erstarren – selbe Arie

Cette pensée horrible und *a glacé tout mon sang* sind phonologische Wörter. Es handelt sich hier um einen Alexandriner (Zwölfsilber) und das Wort *horrible*, sehr stark, befindet sich am Hemistichium (Mitte der Zeile); es muss hervorgehoben werden. Der Rhythmus an der Stelle: Verhältnismäßig „lange" Achtelnote auf *-ble a-* vor schnelleren Sechzehntelnoten). Die indirekte konsonantische Bindung bringt das Wort *horrible* zur Geltung.

[sɛ‿tə‿pɑ̃‿se‿ɔr‿ribl‿a‿gla‿se‿tu‿mɔ̃‿sɑ̃]

13. *Les hauts talons luttaient* ***a****vec les longues jupes*
[lɛ‿o‿ta‿lɔ̃‿lu‿tɛt‿a‿vɛk‿lɛ‿lɔ̃‿gə‿ʒy‿pə]
Die hohen Absätze kämpften mit den langen Röcken – *Les Ingénues*, Verlaine/Debussy

Hier haben wir das Beispiel einer ganzen Zeile als phonologisches Wort. Die *liaison* muss sein. Das Wort *luttaient* ist besonders interessant, weil unerwartet. Das Bild ist dynamisch. Eine direkte *liaison* ist etwas fad. Nicht binden wäre im Sinne einer gepflegten Sprache nicht möglich. Vorschlag: Indirekte Bindung.

[lɛ‿o‿ta‿lɔ̃‿lu‿tɛt‿a‿vɛk‿lɛ‿lɔ̃‿gə‿ʒy‿pə]

14. *Il est ivre*
[i‿lɛt‿ivrə]
Er ist betrunken – Arkel, *Pelléas et Mélisande*, Maeterlinck/Debussy

Eine *liaison directe* schwächt hier die Kraft des Wortes *ivre*, das *tivre* zu werden droht Außerdem ist die Betonung auf der ersten Silbe *i-*. Dagegen bringt die indirekte Bindung das Wort zur Geltung. Ein Hiat wäre eine Stilverfehlung, die weder zu dieser Oper noch zur Würde des *alten Königs von Allemonde* passt.

BESONDERHEITEN DER LIAISON IM KLASSISCHEN GESANG

Wenn ein Text vertont wird, können andere Probleme auftauchen. Der Komponist hat eine subjektive Interpretation des Textes und er kann manchmal den Text umstrukturieren. Dies betrifft vor allem den Rhythmus, die Pausen, selten die Melodie und ihre Intervalle.

- Eine Pause in den Noten verbietet selbstverständlich die *liaison*, außer bei automatischen Bindungen wie

Les‿oiseaux dans la charmille
[lɛ'zwa'zo'dɑ̃'la'ʃar'mi'jə] – Olympia, *Les Contes d'Hoffmann,* Offenbach,

- Ist ein Atemholen unumgänglich, ist die *liaison* hinfällig.

Der musikalische Rhythmus

- Am Ende einer sehr langen Note macht eine *liaison* oft keinen Sinn mehr.
- Wenn der Rhythmus ungleichmäßig ist (z.B. punktierte Noten), kann man auf die Bindung verzichten oder sich für eine indirekte *liaison* entscheiden. Hier muss man die Absicht des Komponisten nachspüren.
- Gleichmäßige Rhythmen (Triolen, Achtelnotenbewegungen) laden eher zur *liaison* ein.

15. *Rassemblés‿en nombre infini*
Versammelt in unendlicher Zahl – *Là-bas vers l'église*, Calvocoressi/Ravel,

Diese Gruppe ist ein phonologisches Wort. Eine diskrete *liaison* verstärkt den glatten Charakter der Phrase, den die Triolen ohnehin nahelegen.

16. *J'ai longtemps‿habité sous de vastes portiques*
Wörtlich: Ich habe lange gewohnt unter weiten Portiken. *La Vie antérieure*, Baudelaire/Duparc

Im Hinblick auf Verslehre und Stilniveau (Verb + zugehöriges Adverb) ist die *liaison* hier Pflicht, außerdem befindet sie sich in der ersten Hälfte eines Alexandriners und in einem weiten, großzügigen musikalischen Bogen, dessen Einheit sie unterstreichen kann und soll. Darauf zu verzichten (was gelegentlich zu hören ist) ist schlicht ein Verstoß gegen die Regel.

17. *Unis avec la blanche cire*
Verbunden mit dem weißen Wachs – Louÿs / Debussy, *La Flûte de Pan*

Sowohl der Text als auch die musikalische Linie (wieder Triolen) verlangen hier eine *liaison.*

18. *Et nous étions liés pour toujours ainsi*
Wörtlich: Und wir waren verbunden für immer so – *La Chevelure*, Louÿs/Debussy,

Hier könnte es eine Alternative zu geben, aber man sollte in einem sehr fließenden Legato diskret binden, (die Stelle ist auf einer einzigen Note komponiert), man kann die Silbe *ain-* von *ainsi* leicht betonen und eventuell von dem gerade Gesagtem trennen. Aber die Idee der intimen Verbundenheit spricht eher für die Bindung.

[pur‿tu‿ʒu**r‿z**ɛ̃‿si] oder [pur‿tu‿ʒurˈɛ̃‿si] – in diesem zweiten Fall möglichst nicht atmen.

Liaison und Intervall

Bei großen Intervallen muss man sich fragen, ob eine *liaison* sinnvoll ist.

19. *Vous arrivez au bon moment.*
Ihr kommt im richtigen Augenblick – *Séguedille*, Bizet, Carmen,

Abgesehen davon, dass die Figur der Carmen heutzutage ganz sicherlich nicht an eine *liaison* denken würde, die in einem Libretto des XIX. Jh. bestimmt geplant war, ist an der fraglichen Stelle ein Oktavsprung. Man kann diskret binden, man kann aber auch *arrivez* von *au bon moment* bewusst trennen, wenn man *au bon moment* (Ihr kommt gerade richtig) betonen möchte, mit einem neuen Impuls auf die leichtgelängte Silbe *au.*

[vu‿za‿ri‿ve‿**zo**‿bõ‿mɔ‿mɑ̃] oder [vu‿za‿ri‿veˈ**o:**‿bõ‿mɔ‿mɑ̃]

20. *Du houx à la feuille vernie ...*
Von der Stechpalme mit dem glasierten Blatt – *Spleen*, Verlaine / Debussy)

Hier haben wir ein phonologisches Wort (ein Prachtexemplar sogar); *houx* ist ein Substantiv Singular, was die *liaison* eigentlich verbietet (theoretisch jedoch nicht in der Lyrik...), zwischen *houx* und *à* ist ein Oktavsprung und das Herüberziehen würde einen Plural suggerieren, während das Wort *du* einwandfrei Singular ist. Die *liaison* ist auf keinen Fall zu empfehlen. Suzanne Danco (eine kultivierte, ihrerzeit international bekannte Sängerin) respektiert den Hiat, eine jüngere (sehr bekannte) Sopranistin bindet...

Einige interessante Fälle

21. *Ferme tes yeux à demi...*
Wort für Wort: Schließe deine Augen halb... – *En Sourdine*, Verlaine/Fauré, Debussy

Es handelt sich um ein Gedicht und die *liaison* müsste sein, obwohl *à demi* sich auf das Verb *ferme* bezieht. Die sehr gebundene Vertonung von Fauré betont die erotisch schläfrige Atmosphäre dieses für Verlaine typischen Gedichts. Alles spricht für eine *liaison.* Für Gérard Souzay, Camille Maurane, Charles Panzéra, Bernard Kruysen, Suzanne Danco ist sie selbstverständlich. Heute soll sie umstritten sein. Bei Debussy ist die Lage nicht so klar, aber das Gedicht und die Verslehre dürften auch da ihre Gültigkeit haben.

22. *Deux formes ont tout à l'heure passé.*
Zwei Gestalten sind vorhin vorbeigezogen – *Colloque sentimental*, Verlaine/Debussy

Wir haben den Fall weiter oben schon angekündigt. Es wurde festgestellt, dass beim Sprechen die *liaison* zum Zehnsilber gehört, aber in der *mélodie* von Debussy macht sie heute keiner mehr. In dem Fall kann man es auch überlegen, denn Debussy hat dem *-mes* eine Note gegeben. Somit wird das Versmaß respektiert. Daraus ergeben sich zwei Möglichkeiten, die interessanterweise zu verschiedenen Ergebnissen führen.

- Eine *liaison* lässt die „Kamera“ auf gespenstiger, mysteriöser Weise beide Schatten „vorbeigleiten“; dann aber [z] diskret artikulieren.

- Wenn man nicht bindet, bekommen die Gestalten mehr Kontur: Betonung auf Silbe ***for*** *mes* und leichte Zäsur nach der Silbe *-mes*; (Schwa), die diskret bleibt; dann neuer, leichter Impuls auf *ont*. Eine indirekte Bindung funktioniert hier nicht, ein Hiat wäre grammatikalisch falsch.
- In beiden Fällen ist es wichtig, den Bogen der ganzen Phrase im Blick zu behalten.

[dø‿fɔr‿**mə‿zõ**‿tu‿ta‿lœ‿rə‿pɑ‿se] oder [dø‿fɔr‿**m**ᵊ'**õ**‿tu‿ta‿lœ‿rə‿pɑ‿se]

23. *Et dans tes yeux pleins de tristesse*	Und in deinen Augen voller Traurigkeit
*Dans tes yeu**x**‿**a**lors je boirai*	in deinen Augen dann werde ich trinken
Tant de baisers et de tendresse	so viele Küsse und Zärtlichkeit
Que peut-être je guérirai…	dass ich vielleicht genesen werde. - *Chanson triste*, Lahor/Duparc

Unter etwa zwölf Aufnahmen macht ein Einziger die *liaison*: Gérard Souzay, weltberühmter Spezialist der französischen *mélodie*, bekannt für seine Kultur und sein Textverständnis. Er hat Recht, sowohl im Bezug auf das Gedicht als auch auf die Komposition. Erstens befindet sich das Wort *alors* mitten in einem Achtsilber, was schon für eine *liaison* spricht. Ferner fasst es alle bisher erwähnten Elemente zusammen, die möglicherweise zu einer Heilung führen könnten. Drittens war damals eine solche Redewendung üblich. Und diese nimmt eigentlich das *peut-être* (vielleicht) voraus, das am Schluss kommt. Eigentlich heißt es:

„*Dans tes yeux alors, je boirai tant de…*“ Die Zäsur ist nach *alors*.

Musikalisch lässt Duparc das Wort *alors*, das das Wort *peut-être* vorausnimmt, in die Tiefe (Sextsprung) sinken. Es drückt Ungewissheit aus. Gleichzeitig wirkt die Phrase insgesamt wie eine Art Hängematte, in die man sich gerne fallen lassen würde, wie eine Antwort auf das Wiegen der ersten Zeile: „*Dans tes yeux dort un clair de lune*“ (In deinen Augen schläft ein Mondschein). G. Souzay respektiert die Einheit des Achtsilbers und atmet nach *je boirai*, was der dritten Zeile „*Tant de baisers et de tendresse*“ ihre volle Intensität verleiht.
Bedauerlicherweise ignoriert Bärenreiter in seiner Urausgabe (2005) diese traditionelle *liaison*.

Diese ganzen Beispiele sollen vor allem zum Nachdenken anregen. In manchen Bühnenwerken wird man sich einer moderneren Sprechweise vielleicht annähern wollen und hier und da eine *liaison* ignorieren.
Die Schwierigkeit für den Interpreten besteht darin, zu spüren, wie weit man dabei gehen darf.

Manchmal ist es auch so, dass manche Regel aufgehoben werden kann.

In *La Courte Paille* (Carême/Poulenc) wird man sich daran erinnern, dass Kinder angesprochen werden (der Zyklus wurde für den siebenjährigen Sohn von Denise Duval, Lieblingsinterpretin und Freundin von Poulenc, komponiert). Ein Kind würde die *liaison* nicht machen. Hier ist vorstellbar, dass es ein Kind ist, das den Gestiefelten Kater anspricht:

24. *Tu d~~ois~~‿apprendre à lire…*
[ty‿dwa‿a‿prɑ̃‿dra‿li‿re]
Du must lesen lernen ! – *Ba, be, bi, bo, bu*, Carême/Poulenc

Es kann auf die *liaison* verzichtet werden.

25. *Les ennemis **ont** tout pris…*
[lɛ‿zɛ‿nə‿mi‿õ‿tu‿pri]
Die Feinde haben alles mitgenommen
Le Noël des Enfants qui n´ont plus de maison (Weihnacht der obdachlosen Kinder, Debussys letztes Lied)

Gleiche Begründung für eine Nichtliaison, hier singen Kinder; (*les* könnte man übrigens auch geschlossen singen).

Bei Stücken, deren Ton besonders umgangssprachlich ist – wie *Fête galante* (Aragon/Poulenc) – sollte man besser auf gepflegte *liaisons* verzichten, beispielweise: *jet~~és~~‿à la voirie* oder *on voi~~t~~‿aussi*.

Es gibt immer wieder besondere Fälle. Umso wichtiger ist es, Kriterien in der Hand zu haben, die eine Entscheidung erleichtern.

Das Ziel ist, dem Werk am besten zu dienen aus Respekt für die Autoren, Dichter und Komponisten.
Entstehungszeit und Stil sind in jedem Fall zu berücksichtigen.

Die Fragen, die man sich stellen sollte

- Kommt die *liaison* in einem bestimmten Fall überhaupt in Frage?
- Ist sie obligatorisch, wünschenswert, zu vermeiden oder verboten?
- Mit welchem Stil habe ich zu tun? Älteren oder neueren Datums? Gepflegt oder volkstümlich? …
- Wenn eine *liaison* in Frage kommt, welche Kriterien gibt es da?
- Welche ist die bessere Lösung in Bezug auf Verständlichkeit und Expressivität des Textes?
- Was bringt die *liaison* (oder der Verzicht darauf) im Hinblick auf Phrasierung und Interpretation?

Zusammenfassung

Es ist sicherlich nicht alles gesagt. Aber es geht darum - wie schon erwähnt - bei diesem komplexen Thema etwas klarer zu sehen. Die Regeln entsprechen nicht unbedingt den heutigen Tendenzen, sie wollen es auch gar nicht. Die französische Sprache ist schön, unbestreitbar elegant und ihre Musik ist allgemein anerkannt (die Ausländer erkennen es besser als die Franzosen selbst). Aber diese mit ihrer Geschichte eng verbundene Schönheit ist, ob man will oder nicht, von Natur aus elitär, gar aristokratisch, denn nur gebildete und anspruchsvolle Ästheten haben ihre Regeln festgelegt und die *liaison* ist eine ihrer wichtigen Merkmale.

Im klassischen Gesang wäre es schlimm darauf zu verzichten. Zum einen verletzt eine gut ausgeführte *liaison* niemals das Ohr und zum anderen werden wir beim besten Willen aus einer *mélodie* von Debussy niemals ein *Volkslied* machen können (erklärte Absicht einer berühmten französischen Sängerin vor einiger Zeit bei einem Interview). Zurzeit – mehr denn je – läuft ein *modernisiertes* Französisch einfach Gefahr *ungepflegt* zu sein. Wenn wir den Stil respektieren wollen, gehört die *liaison* dazu.

In der klassischen Musik bemüht man sich heute und in allen Sparten um eine *historisch informierte Aufführungspraxis*. Im Gesang jedoch erlauben sich manche Ausführende zunehmend, auf Traditionen zu verzichten. Es ginge natürlich nicht darum, die originale Aussprache des XIX. Jh. zu rekonstruieren. Aber es gibt Regeln, die ihrerzeit bewusst etabliert wurden, und deshalb noch Gültigkeit haben sollten. Man darf sich nicht ohne Not über sie hinwegsetzen, schon gar nicht aus Bequemlichkeit, weil man die Regeln nicht kennt.

Das gravierende Problem ist nämlich, dass die sprachlichen, grammatikalischen und literarischen Kenntnisse der jüngeren Generationen ganz klar zurückgehen. In Frankreich ist zu befürchten, dass Heranwachsende an Konservatorien und Musikschulen diese „komischen“ *liaisons* in absehbarer Zeit lächerlich finden könnten.

Wenn es aber gelingt, sie für ein Lied von Fauré oder eine Arie von Bach zu begeistern, warum könnte man sie nicht auch für die Musik ihrer Muttersprache interessieren?

Die liaison in Tabellenform

DIE LIAISON, WANN UND WANN NICHT
REGELN UND BRÄUCHE IN TABELLENFORM

Nach Evelyne Saunier (Universität Paris) für Eurovox 2000 in Lyon,
für die Belange des klassischen Gesangs von Marie-Paule Hallard ergänzt.

automatisch	Normales Gespräch: **möglich** Gepflegtes Gespräch: **erwartet**
Artikel und ähnliche kleine Wörter + Substantiv *un‿oiseau; deux‿ans; ces‿âmes; leurs‿hôtes* **Artikel und dergl. vor Adjektiv** *des‿anciennes maisons, un‿adorable jardin*	
Adjektiv (Eigenschaftswort) + Substantiv *le grand‿oiseau* [t] *un petit‿enfant* *joyeux‿anniversaire* [z] *un premier‿amour* **Im Plural** *les vieux‿amis* *des grands‿arbres* **Unbestimmtes Adjektiv Singular oder Plural** *aucun‿artiste* *certains‿amis*	**Adjektiv + Substantiv** *un léger‿ennui* *un savant‿aveugle* (ein wissender Blinder) *son premier‿album* **Im Plural** *de légers‿ennuis* *les savants‿aveugles* (die wissenden Blinden) *d'autres‿étudiants*
Personalpronomen *ils‿arrivent* *elles‿arrivent* *nous‿allons* *on‿entre* *vous‿apprenez,* etc. **Adverbialpronomen** *on‿y va* *il en‿apporte*	

Normales Gespräch: **Selten** Gepflegter Stil: **Möglich**	**ausgeschlossen** **Ausnahmen in der Lyrik**
Adjektiv Plural + Bindewort *et* *jeunes‿et beaux* **Adjektiv Plural + Verb** *les gens‿effarés* **Adjektiv oder Partizip Plural + Präposition oder Adverb** *agréables‿à entendre* *joués‿admirablement*	**Substantiv Singular + Adjektiv** *nuit‿immense* **in der Lyrik möglich!** **Substantiv od. Adjektiv Singular + *et, ou, à*** *grand'et blond ; cuit'ou cru ; un bonnet'à pompom…* **Zwei Adjektive hintereinander,** *les feuilles vertes‿éparpillées* *les bœufs blancs‿attachés,* **in der Lyrik möglich!** **Die Adjektive** *lourd, fort, franc, court* *un court'échange* **Vor einem Eigennamen** *Le grand'Arthur,* aber *Saint‿Émilion* (mit Bindestrich) **Im Barock üblich** *le grand‿Oreste* [t]
Substantiv Plural + Adjektiv oder Verb *des enfants‿intelligents* *les gens‿heureux* *deux formes‿ont passé*	**Substantiv Singular + Adjektiv od. Verb** *un enfant'intelligent* *un savant'aveugle* (ein blinder Wissenschaftler) *le temps'est mauvais* *le vent'apporte* *nuit'immense, nuit'étoilée…* **in Lyrik möglich** **Zusammengesetzte Substantiva,** « falsches Plural » *des salles‿à manger* *les honnêtes‿hommes*
Pronomen Plural + *aussi* *nous‿aussi* *elles‿aussi* *les miens‿aussi* **Pronomen Plural + Pronominale Gruppe** *ceux‿à qui j'ai parlé* *celles‿auxquelles il dira…* **Pronomen vor Infinitiv bei Umstellung** *où voulez-vous‿aller ?* *les dieux vont-ils‿aimer?* *vont-elles‿écouter ?* **Pronomen vor Verb** *les autres‿arrivent demain*	**Pronomen *en* nach einem Verb** *fais-en'apporter* **Nach den unbestimmten Pronomen** *quelqu'un, chacun, un, uns, certains, certains, plusieurs, d'aucuns,* etc. *quelqu'un'entre* *chacun'à son goût* *l'un'aime, l'autre non* *certains'arrivent tôt* *les uns'et les autres…*

automatisch	Normales Gespräch: **möglich** Gepflegtes Gespräch: **erwartet**
Verbe + Pronomen *ce sont‿eux, ce sont‿elles* **Bei Umstellung** *disent-elles* *peut-il* *voit-on* *faut-il* **Mit Bindelaut** *va-t-il ?* **Verb vor Adverbialpronomen *en* oder *y*** *vas-y* *donnes-en* *va-t-en*	**Hilfswerb *être* (sein)** *il est‿attentif* *elle était‿adorable* *je suis‿allé* *tu es‿allé, ils sont‿allés* *nous sommes‿invités* *vous êtes‿en retard* **Hilfsverb *avoir* (haben)** *tu as‿échoué* *ils ont‿écrit* *elles ont‿accepté* *nous avons‿habité*
Einsilbige Präposition *chez‿elle* *en‿habit* *dans‿un bois* *sans‿abri* *dès‿à présent,* etc.	
	Adverb + Substantiv / Adjektiv / Verb *très‿heureux* *bien‿envie* *beaucoup‿aimé*
Bindewörter *dont* und *quand* *dont‿elle fait partie* *quand‿ils vont,* etc.	**Konjunktionen** *mais‿encore* *donc‿il est venu*
Feststehende Ausdrücke *de temps‿en temps* *de fond‿en comble* *de haut‿en bas* *tout‿à fait* *tout‿à coup* *petit‿à petit* *d'un bout‿à l'autre* *bien‿entendu* *peut-être* *toujours‿est-il*	

Normales Gespräch: **selten** Gepflegter Stil: **Möglich**	**ausgeschlossen** **Ausnahmen in der Lyrik möglich**
Konjugiertes Verb + Infinitiv / Partizip II / Akkusativ- und Dativobjekt *je vais‿essayer* *elle est‿aimée* *elle avait‿un souci* *fais‿attention ; viens‿avec moi* *j´allais‿à l´école* **Hilfsverb + Partizip II** *je serais‿étonnée* *tu es‿aimé* *ils étaient‿attendus, tu as‿écouté* **Nach Infinitiv** *parler‿à quelqu´un* *aimer‿et mourir* **Nach Partizip I** *parlant‿avec elle* *choisissant‿un livre* *pleurant‿et gémissant* *désirant‿avouer…*	**2. Pers. Sing und Pl. Gegenwart, *passé simple*** *tu aimes‿écouter* *tu aimais‿aussi* *ils aiment‿aussi* **in der Lyrik möglich** **Verb + Eigennamen** *Nous verrons‿Albert* **in der Lyrik möglich**
Einsilbige / mehrsilbige Präposition *vers‿elle* *pendant‿une heure* *depuis‿hier* *avant‿elle* *durant‿une année* *suivant…, après…,* etc.	**Mehrsilbige Präposition** *envers‿elle,* **in der Lyrik möglich** *hormis,* **Einsilgige Präposition** *hors*
Einsilbiges u. mehrsilbiges Adverb *mieux‿habillé* *moins‿étonné* *trop‿aimable* *toujours‿heureuse* *jamais‿oublié* *beaucoup‿à faire* *toujours‿est-il*	**Mehrsilbiges Adverb** *partout‿en France* *désormais‿ignoré* *parfois‿aimé* *souvent‿ignoré* *pourtant‿adoré* *j´ai longtemps‿habité* **in der Lyrik möglich**
Bindewörter *mais‿elle l´a vu* *soit‿hier, soit‿aujourd´hui*	
	Niemals binden - nach Interpunktion: Punkt, Semikolon, Komma… - nach einer musikalischen Pause, es sei denn es, handelt sich um eine automatische Liaison. - <u>nach</u> der Konjunktion *et*: *un chat'et un chien* - vor einem *aspirierten h*: *la'haine, les'hiboux* - vor einer Zahl als Substantiv *le'un, les'huit, les'onze* - vor den Wörtern *oui, ouistiti* : *les'oui, le'ouistiti* - nach *sinon, toutefois, hors*

Im Gegensatz zu Sprachen wie Deutsch, Englisch oder Italienisch gibt es im Französischen keinen fixen Akzent, der Teil der *Identität* eines Wortes wäre. Man weiß ungefähr von dem Akzent auf die letzte Silbe eines Wortes, einer Wortgruppe oder gar eines Satzes. Der Vorteil dieses Prinzips ist die Förderung des Legato, das im klassischen Gesang eine so wichtige Rolle spielt, aber dabei entsteht die Gefahr einer langen Kette, die zwar homogen klingt, aber ohne Relief und obendrein schwer verständlich ist.

Die französische Sprache genießt den Ruf, keine Akzente zu haben. Es soll tatsächlich die Meinung mancher jungen französischen Popsänger sein, die ihre *songs* lieber in Englisch komponieren... Es handelt sich hier allerdings um ein großes Missverständnis. Denn die Betonung ist zweifelsohne eines der wichtigsten Elemente für die Verständlichkeit und die Lebendigkeit eines Textes, keine Sprache kann sie entbehren. Das Thema ist allerdings in der französischen Sprache nicht einfach, denn die Akzente entstehen vielmehr unbewusst und spontan. Deshalb müssen sie erst wahrgenommen und analysiert werden, da sie nicht systematisch gelernt werden. Klassische Sänger im In- und Ausland können sich allerdings informieren und sie müssen lernen, Akzente subtil und geschmackvoll einzusetzen.

Welche Anhaltspunkte haben wir?

Erstens gibt es in jedem Wort eine Silbe, die ausschlaggebend ist, weil sie dem Wort seinen eigentlichen Sinn verleiht (sie könnte *phonologisch relevante Silbe* genannt werden). Ferner ist in einem Satzteil ein bestimmtes Wort wichtiger als die anderen und schließlich in einem Satz ein oder mehrere Wörter, die den Kern oder den Charakter der Aussage ausmachen. Dank dieses Prinzips wird der Text für den Zuhörer klarer. Aber heute, soweit man das beurteilen kann, herrscht diesbezüglich bei vielen Interpreten des klassischen Gesangs eine gewisse Scheu, vielleicht aus Furcht, der Stimme oder der Gesangslinie zu schaden, vielleicht aber auch aus Angst vor Manierismen.

Schriftliche Konventionen zu diesem Kapitel

Beim Studium mehrerer Werke zum Thema Betonung stellt man fest, dass die Terminologie nicht einheitlich ist, auch nicht die Symbole, die sie veranschaulichen sollen. Da es hier darum geht, eine praktische Hilfe zu bieten, die für jede und jeden leicht verständlich ist, werden in diesem Kapitel die Silben - statt der Notierung des IPA, die uns etwas schwerer zu entziffern scheint: [ˌɛ̃fiˈni] - wie folgt markiert:

- der sog. *accent tonique* ou *principal*, bzw. *Hauptakzent* wird fettgedruckt, *infi**ni***
- der sog. *accent secondaire* (*Nebenakzent*, s. weiter) einfach unterstrichen, z.B. *infini*

DER AKZENT

Ein Akzent ist die Hervorhebung eines Elements in der gesprochenen, bzw. gesungenen Sprache.
Im Französischen sitzt er immer auf einer Silbe – was nicht in allen Sprachen der Fall ist –. Diese Silbe muss aber betont werden dürfen.

Die betonbare Silbe

- Jede Silbe kann theoretisch betont werden, die kein Schwa enthält, sei es in Substantiven, Verben, Adjektiven oder anderen Wörtern, die mindestens zwei Silben zählen.

***som-meil**, **dé**-ran **ger**, **len**-te-**ment**, **pen-dant** ; **so**-li-**tai**-re, **for**-mi-**da**-ble, ...*
Schlaf, stören, langsam, während, einsam, fantastisch

- Ebenfalls die kleinen Wörter, die andere Wörter begleiten: bestimmte und unbestimmte Artikel, Wörter, die ebenfalls ein Substantiv, ein Adjektiv oder ein Verb begleiten wie *mon chien* (mein Hund) besitzanzeigend, *ce chien* (dieser Hund), demonstrativ, *quel chien?* (welcher Hund?) fragend, Präpositionen (*dans*, *sur*...), Bindewörter (*mais*, *car*...) sollen im Normalfall nicht betont werden, können es aber, wenn es Sinn macht, Ausnahmen etwa wie:

*Prends-**le** ! Vas-**y** ! **Qui** ?*

- Um eine Silbe zu betonen, gibt es drei Möglichkeiten:
  - Die Intensität des ersten Konsonanten oder des Vokalansatzes in der Silbe davor vorbereiten
  - Die Intensität, die Länge des Vokals oder beides in dieser Silbe ebenfalls steigern
  - Die Tonhöhe in der gesprochenen Sprache. Diese Möglichkeit erübrigt sich beim Singen, da die Tonhöhen vorgeschrieben sind, ausgenommen im Melodram (ein Text, der zu einer Musik rezitiert wird, die speziell dafür komponiert wurde).

DIE SOGENANNTEN OBJEKTIVEN AKZENTE

Man muss zwischen der normalen Konversation und den Reden unterscheiden, die eine bestimmte Funktion erfüllen: Vortrag, Konferenz, Theateraufführung, Dichterlesung, Gesang. Im Alltag geschehen die Akzente automatisch. Man nennt sie *objektiv*, wenn keine besondere Absicht dahintersteckt.
Es gibt zweierlei sogenannte objektive Akzente:

l´accent tonique (Hauptakzent) und ***l´accent secondaire*** oder ***contre-accent*** (Gegenakzent)

Hier ist es sinnvoll an das *mot phonologique* zu erinnern: eine um einen zentralen Begriff gebildete Wortgruppe, die ein Ganzes darstellt.

Le jardin de ma grand-mère se trouvait au bord de la grand-route.
Der Garten meiner Großmutter befand sich an der Hauptstraße

Hier haben wir zwei solche Gruppen: Substantivgruppe um *jardin*+ verbale Gruppe um *se trouvait*

Le jardin de ma grand-mère / se trouvait au bord de la grand-route.

L´accent tonique

Der Hauptakzent befindet sich im Französisch am Ende

- eines Wortes — *Le jar**din***
- eines phonologischen Wortes — *Le jardin de ma grand-**mèr**(e)*
- oder eines Satzes — *Le jardin de ma grand-mère se trouvait au bord de la grand-**rout**(e).*

In der Musik hat der Hauptakzent eine beachtliche Wirkung auf die Phrasierung. In der französischen Musik – mehr als in anderen – bewegt sich die musikalische Phrase grundsätzlich auf ihr Ende zu.

*Dans un sommeil que charmait ton i**mag**(e)*
Wörtlich: In einem Schlaf, den verzauberte dein Bild - (Bussine/Fauré, *Après un rêve*)

*Dans le grand parc solitaire et gla**cé***
In dem großen Park einsam und vereist - (Verlaine/Debussy, *Colloque sentimental*)

Der Vorteil dieses Prinzips ist eine lange fließende Legato-Linie, die für die Musik der Sprache typisch ist.

In *Chanson d´automne* von Verlaine entwirft Reynaldo Hahn in der ersten seiner *Chansons grises* eine einzige – wunderschöne – musikalische Phrase.

*Les sanglots longs des violons de l´au**tomn**(e)...*
Wörtlich: Das lange Schluchzen der Violinen des Herbstes – (Verlaine/Hahn - *Chanson d´automne*)

Es gibt aber einen zweiten, etwas schwächeren Akzent, der jedoch in seiner Wirkung enorm wichtig ist, *accent secondaire* oder *contre-accent (Gegenakzent)* genannt.

L´accent secondaire

Der Gegenakzent (unterstrichen) befindet sich grundsätzlich auf der ersten Silbe eines Wortes, eines phonologischen Wortes oder eines Satzes, sofern diese betonbar ist. Er ist schwächer als der Hauptakzent.

jardin, grand-mère, trouvait, grand-route
Le jardin de ma grand-mère se trouvait au bord de la grand-route
oder: *Le jardin de ma grand-mère |se trouvait au bord de la grand-route*
oder: *Le jardin de ma grand-mère |se trouvait | au bord de la grand-route*

Chanson d´automne (s.o.): Hauptakzente — *Les san**glots***
*Les sanglots **longs***
*Les sanglots longs des vio**lons***
*Les sanglots longs des violons de l´au**tomn**(e)*

Der gleiche Text mit möglichen Haupt- und Gegenakzenten

*Les sanglots longs des violons de l´au**tomn**(e)*
*Les sanglots **longs** | des violons de l´au**tomn**(e)*
*Les sanglots **longs** | des vio**lons** | de l´au**tomn**(e)*

Die dritte Version entspricht dem Gedicht Verlaines, der drei Zeilen daraus macht, während Reynaldo Hahn sich nach der ersten richtet. Legato und geschickte Hervorhebungen werden hier vom Interpreten verlangt.

Im Gedicht *Apparition* wird eine mögliche Einteilung der Akzente hier angeboten:

*Des séraphins en **pleurs** | rê**vant**[1] l´archet aux **doigts** | dans le calme des fleurs vapo**reus**(es) |*
tiraient[1] *de mourantes vi**ol**(es) | de blancs san**glots** | glissant sur l´azur des co**roll**(es)*

Die Wörter *vaporeuses* und *azur* tragen auch zum poetischen Inhalt der Passage bei. Akzente auf den Silben *va-* und *a-* sind also denkbar, sie gehören zu den *accents d´insistance* (s. weiter). Die Kunst besteht darin, die Akzente so subtil zu dosieren, dass der fließende Charakter dieses langen, lyrischen Satzes nicht gestört wird.

VORSÄTZLICHE / ABSICHTLICHE AKZENTE (ACCENTS D´INTENTION)

Es gibt also nicht nur die sogenannten *objektiven* Betonungen. Je nach Persönlichkeit, Laune, Überzeugungen eines Sprechers, nach Wichtigkeit der Aussage können andere Akzente entstehen. Man spricht dann von *accents d´intention* (absichtlichen Betonungen), die sich schließlich als Varianten des Gegenakzents herausstellen.

Dafür gibt es drei Bezeichnungen, die alle zum gleichen Ergebnis führen. Es sind

- der *accent d´insistance*, dieser Terminus setzt sich inzwischen für alle drei Kategorien im angelsächsischen Raum offiziell durch; im Langenscheidt Wörterbuch findet man die Übersetzung *emphatischer Akzent*
- der *accent oratoire* (rednerischer Tonfall)
- der *accent d´expression,* (wörtlich: Ausdrucksakzent).

Der accent d´insistance

Der Hauptakzent befindet sich auf der letzten betonbaren Silbe, aber der Gegenakzent kann wichtiger sein.

- In der Regel ist es die Stammsilbe, die über den Sinn eines Wortes entscheidet. Man muss sie also akustisch gut verstehen können und sie ist sehr oft die erste in einem Wort.

liaison kommt von *lier* (binden), *fini* von *fin* (Ende), *monter* von *mont* (Berg)

- Die untenstehenden Wörter unterscheiden sich akustisch nur durch den ersten Konsonanten, also durch die erste Silbe, sodass man – soll der Unterschied klar sein – diese betonen muss.

cacher unterscheidet sich von *fâcher, mâcher, vacher, lâcher, sachez*
maison von *saison, taisons, raison, liaison*

- Um ein Wort von seinem Gegenteil zu unterscheiden, muss ebenfalls die erste Silbe betont werden.

fini ≠ infini ; monter ≠ démonter

- Vorsilben sind überhaupt zu beachten, denn sie verändern den Sinn des Kernworts.

tendre ≠ attendre ≠ étendre ≠ entendre ≠ prétendre
reichen/spannen ≠ warten ≠ ausbreiten ≠ hören ≠ behaupten

Dieser Unterschied ist besonders relevant bei Ausländerinnen, die in *Carmen* Schwierigkeiten haben, *attendre* [a] von *entendre* [ɑ̃] zu unterscheiden.

Carmen zu Don José: *Je ne veux rien entendre ≠ tu vas te faire attendre*
Ich will nichts hören ≠ Du wirst auf dich warten lassen

Bemerkenswert ist, dass in der deutschen Sprache die Betonung (mit Ausnahme der untrennbaren Vorsilben) auf der sinnrelevanten Silbe eine Selbstverständlichkeit ist. Dieser Akzent ist aber festgelegt.

endlich ≠ unendich ; gehen ≠ aufgehen / eingehen

L´*accent d´insistance* wird verwendet, wenn ein Wort hervorgehoben und besonders verständlich sein soll. Es wird auf der aussagekräftigsten Silbe „insistiert".

Es gibt noch andere Fälle, bei denen der *accent d´insistance* wichtig ist.

- bei Fragen

Quelle est cette femme ? *Où est mon livre ?* *Pourquoi pleures-tu?*
Wer ist diese Frau ? Wo ist mein Buch ? Warum weinst du?

- bei Exklamationen

Qu´elle est belle ! / Comme il est grand! / Vivat!
Wie schön sie ist! Wie groß er ist!

- bei Befehlen (Imperativ)

Marchons! Allez! Dis-moi!

N.B. Diese Regel sollte man sich merken, weil diese Silben sich fast immer auf einem unbetonten Auftakt fallen!

L´accent oratoire, der rednerische Tonfall

Dies bezeichnet den spezifischen Akzent, den Redner vor einem Publikum verwenden. Der Sinn besteht darin, die Aufmerksamkeit der Zuhörer anzuregen und wachzuhalten. Man hört ihn zum Beispiel im Rundfunk bei Nachrichten.

« Monsieur le Président de la République... »

Berühmt war *Général de Gaulle* – und ist es immer noch – für seinen Gruß bei seinen Ansprachen.

« Françaises, Français! »

L´accent d´expression, " Emotionaler Akzent »

Dieser Akzent betont den emotionalen, dramatischen oder poetischen Gehalt eines Wortes, um den Hörer in eine besondere Stimmung zu versetzen. Daher ist er besonders relevant für Sänger und Schauspieler. Wir stoßen ständig auf Wörter, deren Ausdruckskraft hervorgehoben werden sollte.

souffrance,	*immense,*	*langueur,*	*déesse,*	*joyeux,*	*frisson,*	*démon*
Schmerz,	unermesslich,	Sehnsucht,	Göttin,	fröhlich,	Schaudern,	Dämon

Formidable !	*Merveilleux!*	*Horrible!*	*Ô terreur!*
Super!	Wundervoll!	Schrecklich!	Oh! Ensetzen!

Große Interpreten der Vergangenheit wie Pierre Bernac oder Gérard Souzay, u.v.a. haben reichlich von dieser Möglichkeit Gebrauch gemacht. Vielleicht hat das ihrem Stil eine Note gegeben, die manche heute altmodisch finden. Man muss aber zugeben, dass man sie wunderbar verstehen konnte und dass ein wichtiger Faktor ihrer hervorragenden Diktion zweifellos das Anwenden von *accents d´expression* war.

Nun haben wir drei verschiedene Termini für die Betonung der wichtigsten Silbe in einem Wort, damit
- es verstanden wird,
- die Aufmerksamkeit des Zuhörers angeregt wird und erhalten bleibt,
- der Hörer den emotionalen, poetischen Gehalt eines Textes wahrnehmen kann.

Ab hier gilt nur noch der Ausdruck *accent d´insistance*, da dieser dabei ist, sich international durchzusetzen.

Im Alltagsleben ist der *accent d´insistance* spontan und unbewusst, aber sehr präsent! Ein einfaches Beispiel, um diese Beweglichkeit zu illustrieren, die übrigens in anderen Sprachen auch möglich ist.

Je veux lui parler
Ich will mit ihm (mit ihr) reden

Je veux lui parler	*je veux lui parler*	*je veux lui parler*	*je veux lui parler*
ich, niemand sonst	ich bin festentschlossen	nur mit ihm / ihr	reden statt schreiben

Zusammenfassend:
Im Französischen ist der Akzent weitestgehend beweglich und hängt von den Absichten des Vortragenden ab.

DIE BETONUNG IM KLASSISCHEN GESANG

Alles, was bislang gesagt wurde, gilt sowohl für die gesprochene als auch für die gesungene Sprache. Für den Sänger jedoch sind noch einige andere Kriterien zu berücksichtigen.

Es kann sein, dass die Art der Vertonung manchmal verunsichert: Taktstriche, Verteilung von starken und schwachen Taktteilen, Zweier- und Dreierrhythmen, Synkopen, etc.
In der Regel aber helfen uns diese Elemente, vor allem bei guten Komponisten; es gibt dennoch ab und an Probleme. Bei zu großem Respekt für die Noten soll man aufpassen, den Text nicht allzu streng auf Kosten einer flüssigen und klaren Diktion zu skandieren. Es kann auch passieren, dass eine ungeschickt komponierte Stelle verbessert werden soll. Die „Callas-Methode" ist hier wärmstens zu empfehlen! (S. *Syntax*, S.44).

Der „musikalische" Gegenakzent?

In seinem Buch *Singing in French* (1979), das in Zusammenarbeit mit Pierre Bernac geschrieben wurde, gibt Thomas Grubb ein einziges, besonders interessantes Beispiel von Betonung, das in keine der bisher erwähnten Kategorien passt.

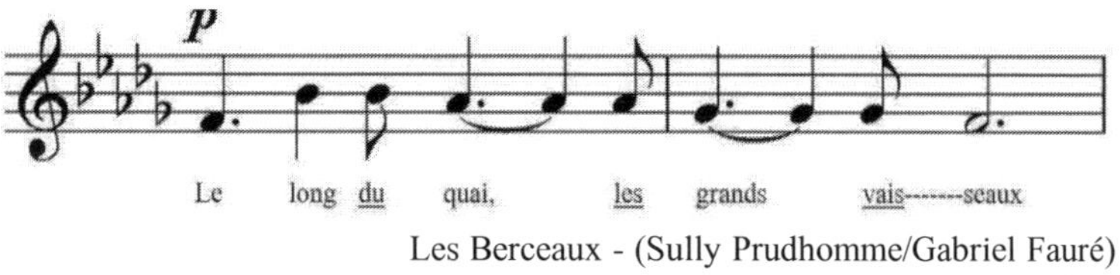

Les Berceaux - (Sully Prudhomme/Gabriel Fauré)

Zwei Akzente befinden sich hier auf unbetonten Silben (*du* und *les*) und schwachen Taktteilen. Was bedeutet das? Ist das ein Irrtum? In Wirklichkeit handelt es sich nicht um den literarischen Text, sondern um den musikalischen Rhythmus. Tatsächlich müssen wir manchmal darauf achten, unbetonte Noten musikalisch nicht fallen zu lassen, vor allem die dritte bei Dreierrhythmen wie 6/8, 9/8, 12/8, Triolen…
Man könnte hier die Bezeichnung *musikalischer Gegenakzent* vorschlagen. Dieser ist hier in der Tat unentbehrlich, um das Schaukeln der Schiffe im Hafen sowie die Bewegung der Wiegen in den Hütten spürbar zu machen.

Wenn man in der *Séguedille* der Carmen die Wörter *remparts* und *Séville* nicht durch *accents d´insistance* betont, ist es höchstwahrscheinlich, dass die Zuhörer sowohl auf der Bühne als auch im Saal diese wichtige Information verpassen werden.

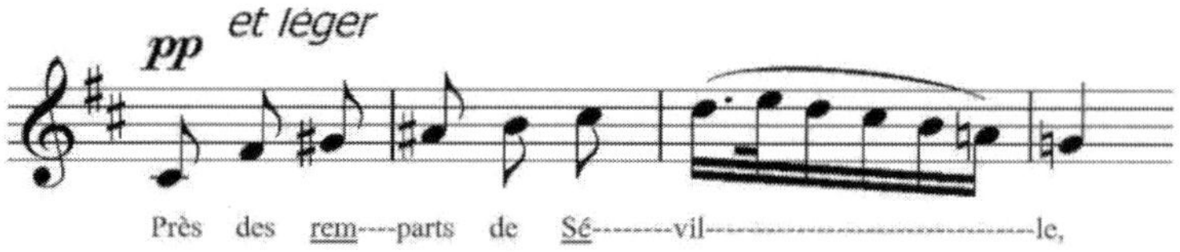

(Bei der Stadtmauer von Sevilla)

Es kommt vor, dass die Textbetonung nicht mit dem musikalischen Akzent zusammenfällt, z.B. in der des Lindorf in *Les Contes d'Hoffmann* von Jacques Offenbach.

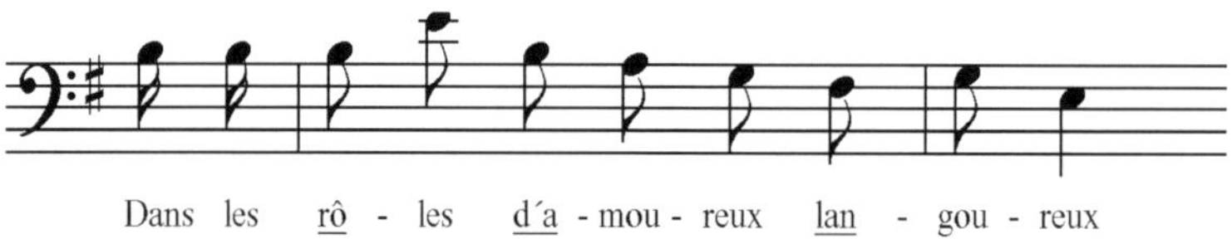

(In den Rollen von Verliebten sehnsuchtsvollen)

Diese Passage ist voller Ironie. Die musikalischen Akzente sind auf den Silben *rô* -, *mou-* und *-gou-*. Die wichtigen Wörter sind aber *rôles, amoureux, langoureux. Accents d´insistance* auf *rô-*, *d´a-* und *lan-* gegen die Musik schaffen einen komischen Effekt. Es gelingt, indem man die fraglichen Vokale lang singt.

Die Aufgabe ist also ein harmonisches Gleichgewicht zwischen den verschiedenen Elementen zu finden. Die Klarheit und der Ausdruck des Textes sind von einer sinnvollen Verteilung der Akzente in den Wörtern, die man zur Geltung bringen will, abhängig.

Die Technik der französischen Betonung

Spricht man von *accent* im Französisch, muss man vorsichtig sein, denn es geht nicht darum – wie schon erwähnt –, plötzlich auf einer Silbe einen gewissen Druck auszuüben. Es geht vielmehr um eine *Hervorhebung* (*mise en valeur*) bestimmter Silben. Welche es sein sollen, wird man der Verständlichkeit und der Expressivität wegen sorgfältig überlegen und den Fluss der musikalischen Phrase nicht aus dem Auge lassen. Es darf in keinem Fall zu einem steifen mechanischen Ergebnis führen.

Um eine Silbe und damit ein Wort zur Geltung zu bringen, verfügen wir über drei Möglichkeiten (s. oben.). Die Arbeit mit ausländischen Sängern macht besonders deutlich, dass die Betonung vorbereitet werden muss. Sie geschieht nicht plötzlich auf der fraglichen Silbe, sie hängt vielmehr von der Energie ab, die sich auf der Silbe davor aufgebaut hat.

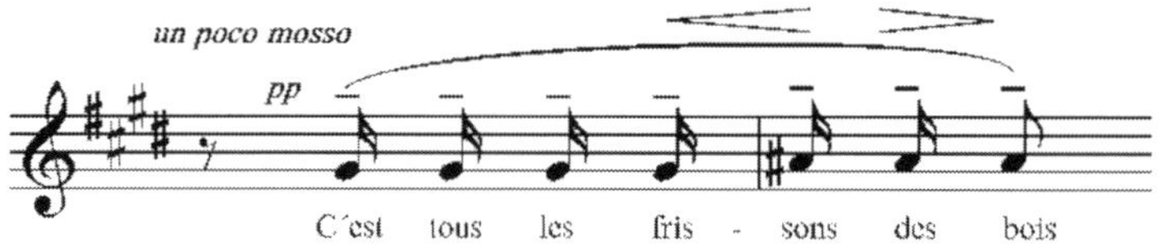

Wörtlich: Dies ist all der Schauder (Plural) der Wälder
C´est l´extase langoureuse – (Verlaine/Debussy, *Ariettes oubliées*)

Das Zentrum dieses Ausschnitts ist das Wort *frissons,* das die Atmosphäre und den für Verlaine so wichtigen Klang hervorbringt. In diesem Wort ist die erste Silbe *fri-* eindeutig die sinngebende und sie trägt wesentlich zur Musik der Passage bei. Sie befindet sich wie so oft als kurze Note auf einem Auftakt am Ende eines Taktes. Die Gruppe *fr* (Frikative + Liquida + Vokal [i]) soll lang und weich gebildet werden.
Um das [f] zur Geltung zu bringen, werden wir es auf der Silbe davor vorbereiten, das *r* (gerollt oder nicht) soll sehr weich sein und das *i* auf der Sechzehntelnote so lang wie möglich. Wir versuchen es darzustellen:

[sɛ-tu-lɛ< f-^{f}ri:-sõ-dɛ-bwa]

Tatsächlich wird der größte Teil des *f* schon auf der Vorsilbe gesungen: [lɛf]. Es reicht dann, das [f] auf der letzten Sechzehntel einfach *loszulassen*, damit es klar wahrgenommen wird. Es gibt so etwas wie ein *crescendo* auf dem Vokal [ɛ]. Was ist mit *loslassen* gemeint? Die Erfahrung zeigt, dass der Konsonant, wenn er gut vorbereitet ist, keine neue Energie auf der Note braucht, auf der er artikuliert werden soll. Er müsste nicht einmal artikuliert werden, *-ri-* dürfte eigentlich ausreichen.

Zu den markanten Eigenarten der französischen Musik gehört, dass sehr oft eine wichtige Silbe sich auf einem unbetonten Taktteil befindet, im Falle einer Punktierung meistens auf der kurzen Note und oft am Ende eines Taktes. Die längere Note davor ist mit einem „unbedeutenden" Wort ausgestattet, ihre Länge dient offensichtlich nur der Vorbereitung der wichtigeren Silbe.

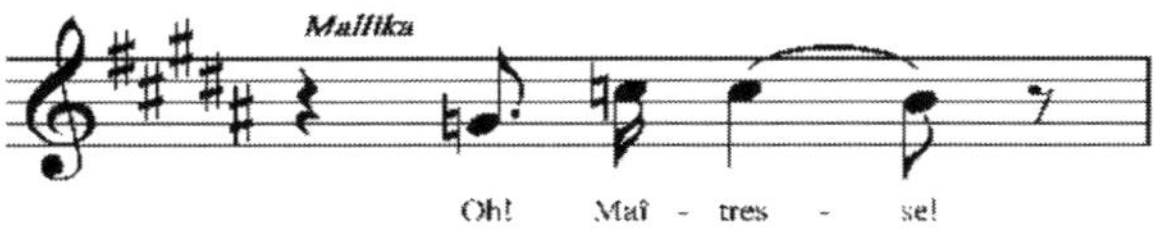

Duo Lakmé/Mallika (*Lakmé*, Léo Delibes)

Oh ! : punktierte Achtelnote, *maî-*: Sechzehntelnote, beide auf dem (schwachen) zweiten Schlag eines Vierertaktes. Textlich ist die Silbe *maî-* (*maître* = Meister) einwandfrei die wichtigere.

Vorschlag: Intensität auf dem Vokal [o:] steigern, der „<u>lang</u>" gesungen wird → „crescendo".
Den Konsonanten *m* schon auf dem *o* stumm vorbereiten, um ihn am Ende der punktierten Achtelnote – wie bei italienischen Doppelkonsonanten – zu artikulieren und dann auf der Sechzehntel loszulassen.

O:<m‿^{m}aî:-tres-se ! [o:m‿^{m}ɛ:‿trɛ‿s^{ə}]

Das [m] mit der ganzen Zuneigung vorbereiten, die Mallika für ihre Herrin empfindet. Vokal *aî* [ɛ] lang.

Energetisch gesehen ist es die Idee des *Bogenschießens*: Man nimmt sich einen Punkt weit vor sich, erhöht die Spannung, die im Augenblick der Artikulation wie ein Pfeil *losgelassen wird*. Dieser Vorgang wird hier analytisch und mit der Zeitlupe beschrieben. In Wahrheit geht das sehr schnell. Das Prinzip indes ermöglicht die Hervorhebung einer Silbe in jedem Text.

Zusammenfassung

- Konsonant auf der Vorsilbe, bei einer Art crescendo artikulatorisch *vorbereiten*.
- Auf der Note selbst Konsonanten loslassen und Vokal so lange wie möglich dehnen.

Wir haben sicherlich nicht alles zu dem Thema Betonung gesagt. Es wäre interessant sich z.B. mit Strophenliedern auseinanderzusetzen oder mit Kinderreimen, die diese Prinzipien fröhlich ignorieren.

Die Frage der Betonung im klassischen Gesang ist ein delikater Punkt, deren Behandlung zur Kunst gehört. Sie ist schriftlich sehr unbequem zu beschreiben. Es versteht sich von selbst, dass man Übertreibungen vermeiden und natürlich nicht jedes Wort betonen darf. Es ist notwendig, sich über die wichtigsten Elemente einer Aussage klar zu werden und wir wiederholen es zum Abschluss dieses Kapitels:

Es geht darum, dem Zuhörer einen akustischen, intellektuellen und emotionalen Empfang des Textes selbstverständlich zu machen.

In letzter Instanz geht es um Interpretation und Geschmack.

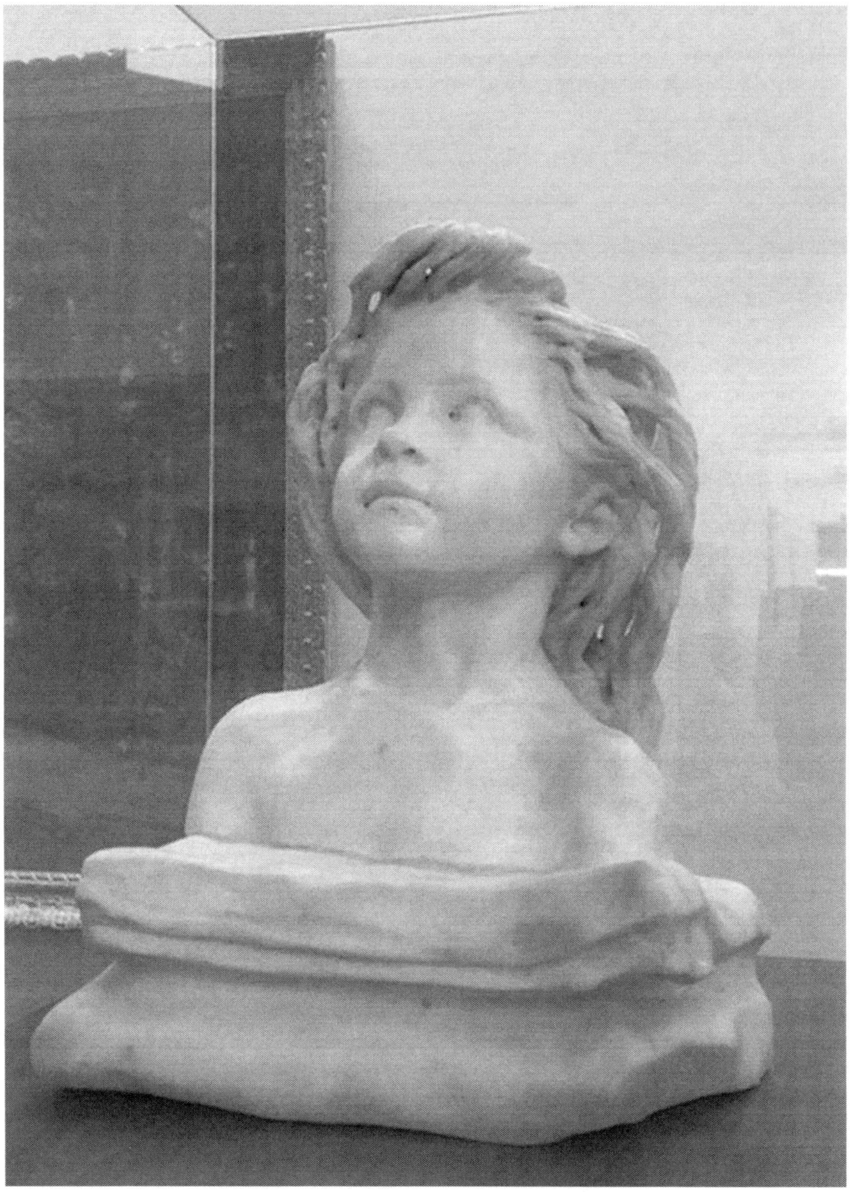

Camille CLAUDEL, *La Petite Châtelaine*
Musée Rodin

Die Artikulation

„Privé d´articulation et de prononciation
le chant,
aussi belle que soit la voix qui le fait entendre,
est sans intérêt »
Reynaldo HAHN (1874-1847), *Du chant*

Eine Stimme kann noch so schön sein,
ohne Artikulation und Aussprache
ist Gesang
uninteressant.

Die *Phonetik* gehört zum Bereich des Wissens im Hinblick auf die Sprache an sich, während die *Artikulation* zur Sprechtechnik gehört.

Die Frage war, ob dieses Thema in dieses Buch gehört. Aus zwei wichtigen Gründen heißt die Antwort ja.

- Die Artikulation stellt einen wesentlichen Teil der Coachingarbeit dar.
- Ohne Artikulation gibt es keinen Text und somit keine Interpretation.

Eine gute Artikulation ist die unentbehrliche Voraussetzung, um eine Botschaft sowohl im Lied als auch auf der Bühne klar und deutlich an den Zuhörer heranzutragen. Somit ist sie eine Verpflichtung.

Besonders gut steht es um sie momentan nicht. Das Problem wird allgemein auf internationaler Ebene erkannt. Viele Konzert- und Opernbesucher klagen: „*Man versteht nichts.*". Bei einem Rundfunkinterview nach dem *Internationalen Gesangwettbewerb der ARD* in München 2015 erklärten drei Jurymitgliederinnen von internationalem Rang, Helen Donath, Anja Silja und Gabriele Schnaut sinngemäß und unisono:

„*Die heutige Gesangsausbildung ist viel besser als zu unserer Zeit, aber man versteht nichts.*"

Bei einer Radiosendung über vertonte französische Dichter wurde u.a. *Clair de lune* von Verlaine/Fauré von dem französischen Bariton Camille Maurane (1911-2010) gesungen. Das Gedicht kam einem direkt entgegen, war einfach da, scheinbar ohne Anstrengung seitens des Interpreten, ohne Anstrengung für den Zuhörer. Gleich danach eine jüngere bekannte französische Mezzosopranistin mit einem Auszug aus *La bonne Chanson*. Schönes warmes Timbre, selber Dichter, selber Komponist, vertrauter Text. Man konnte nicht einmal die Wörter rekonstruieren. Wie ist das möglich?

Die aktuelle Gesangspädagogik ist besser denn je, sie konzentriert sich auf das, was die Franzosen le „*geste vocal*" nennen. Der Körper genießt eine erhöhte Aufmerksamkeit, die Entspannungstechniken florieren, die Forschung widmet sich der Aktivität des Kehlkopfes, der Stimmlippen, der gesamten Körpermuskulatur, den akustischen Verhältnissen. Diese Entwicklung ist äußerst erfreulich und sie war bitter nötig. Das Ergebnis ist, dass die Stimmen heutzutage in viel größerer Zahl freier, gesünder (also schöner) sind, der Gesamtklang ist ausgeglichener und reicher an Obertönen, aber…

… der Text versinkt im Schönklang.

Man fragt sich, wieso?

Man kann einiges im sozialen Leben bereits feststellen. Es scheint nicht mehr wichtig, sich verständlich zu äußern, im Alltag wird die Artikulation vernachlässigt. Für die jungen Leute ist es normal und sogar „*in*" zu nuscheln und im Affentempo zu reden. Wann wird einem Kind noch gesagt: „Sprich bitte deutlich" (ein Leitmotiv der früheren Erziehung). Der Wert des Mündlichen verliert an Boden: Es gibt E-Mails, SMS und vielleicht auch… zu wenig Zeit füreinander. Die Abende verbringt man gemeinsam vor dem Fernseher.

Außerdem ist die moderne Technik mit Mikrofonen und Verstärkern für Verständlichkeit zuständig. Auf unserem Gebiet gibt es auf der Bühne die Übertitel, die nicht unproblematisch sind: Erstens können sie durch Platzmangel selten den Text genau wiedergeben, zweitens stellen sie das Publikum vor die unbefriedigende Alternative, oben zu lesen oder unten zuzuschauen. Im Konzertsaal ist es kein Aufwand mehr, die Texte in gedruckter Form den Zuhörern zur Verfügung zu stellen. Dadurch wird eine besonders intensive Konzentration auf das, was auf dem Podium wirklich geschieht, erschwert. Früher war das alles nicht möglich: man musste als Darsteller sich mehr Mühe geben.

Legt die Gesangspädagogik in ihrer aktuellen Entwicklungsphase vielleicht auch zu wenig Aufmerksamkeit auf Artikulationstraining? Es sei zumindest erlaubt, diese Frage zu stellen.

Der weltberühmte deutsche Bassbariton Hans Hotter (1909-2003) geht in seiner Autobiographie *Der Mai war mir gewogen* noch weiter:

„*Wie viele mit geeignetem und wertvollem Material ausgestattete überdurchschnittlich Begabte sind zum Scheitern verurteilt, nur weil in der Ausbildung zu wenig oder überhaupt kein Wert daraufgelegt wird, dass das technisch richtige Singen auch das Erlernen einer Sprechtechnik voraussetzt.*" (cf. HOTTER, S.80).

Gisèle Casadesus (1914-2017), eine sehr geschätzte französische Schauspielerin, *sociétaire* (Mitglied) der *Comédie Française* von 1934 bis 2011 (sprich 77 Jahre lang!), schreibt in ihren Memoiren:

„*Klar, man hat mir oft gesagt, dass meine Artikulation und meine Aussprache natürlich wirken, ich habe aber daran gearbeitet.*" (cf. CASADESUS, S.79).

Man merke die beiden Begriffe *natürlich* und *gearbeitet.*

Erfahrungsgemäß kann die Arbeit an der französischen Sprache durch das Vokallegato, die kurzen energiegeladenen Konsonanten bei niedrigem Luftverbrauch und eine „zahnige" Artikulation nützliche Anregungen für die Sprechtechnik anderer Sprachen bieten.

Eine gute Artikulation ist in den seltensten Fällen angeboren. Sie ist vielmehr das Ergebnis einer intensiven Erziehung. Die Zeit, in der Schauspieler sich vor der morgendlichen Probe mit einem regelrechten Übungstraining „einsprachen", scheint allerdings der Vergangenheit anzugehören. Man will heute „natürlich" bleiben. Dies reicht aber auf einer Bühne leider nicht. Bei diesem legitimen Wunsch nach *Natürlichkeit* bleibt – schon allein aus akustischen Gründen – die Verständlichkeit einfach auf der Strecke.

Auf diesem Gebiet gibt es tatsächlich viel zu tun und wie in jeder anderen künstlerischen Ausbildung besteht das Ziel darin, eine Technik zu erwerben, die gleichzeitig effektiv ist und freier macht.
Dies verlangt Methode, Training, Geduld und Durchhaltevermögen.

Zum Vergleich: Ein guter Tänzer scheint die Schwerkraft zu ignorieren: Jahrelanges hartes Training, mehrere Stunden täglich an der Stange… Die Instrumentalisten müssen auch „artikulieren" können, sprich, jeder Note die Klarheit und die Nuance geben, die ihr zusteht, kurz oder lang, schnell oder langsam, laut oder leise.

Was die Sänger betrifft, hat man den Eindruck, dass sie heute in vielen Fällen den Text zu wenig in den Raum projizieren, zu wenig in die Worte „beißen"; die Konsonanten sind zu schwach, die Vokale haben zu wenig Tragweite, denn sie sind selten – oder nicht alle – wirklich nach draußen gerichtet.

Manche werden fragen, warum ein Bild von *La petite Châtelaine* von Camille Claudel (S.78) ausgesucht wurde. Dieses Meisterwerk möchte veranschaulichen, wie enormes Können, Beherrschung der Mittel bei tausenden von feinsten Hammerschlägen zu einem solch zarten, berührenden Ergebnis führen können.

Sollte Angst um die Stimme ein Grund für lasche Artikulation sein, ist diese Befürchtung überflüssig, denn

eine präzise und effektive Artikulation kann nur zur Freiheit und Gesundheit der Stimme beitragen.

Artikulation ist ein entscheidender Faktor für die Projektion der Stimme in den Raum und richtig verstanden – so die Erfahrung – erleichtert sie die Stimmgebung erheblich.

Diese Erfahrung wird hier gerne weitergegeben. Es handelt sich nur um Vorschläge. Sie schließen weitere Möglichkeiten selbstverständlich nicht aus, im Gegenteil. Viele Wege führen nach Rom.

- In Bezug auf die Vokale handelt es sich um Erläuterungen technischer Natur, die zu einem Vokalausgleich führen, der eine gute Projektion und vielfältige Nuancen ermöglicht. Das Prinzip ist vielfach bekannt.

- Die Arbeit an den Konsonanten resultiert aus der Arbeit mit erfahrenen Sängerinnen wie Anna Reynolds, Agnes Giebel, aus der Beobachtung guter Sänger und Sprecher sowie aus einer jahrelangen Auseinandersetzung mit den Problemen von Studierenden und professionellen Sängern.

Insgesamt geht es um eine Vorgehensweise, die sich eigentlich für jede Sprache und jeden Gesangsstil eignet.

DIE ARTIKULATIONSWERKZEUGE

Im Vorfeld
Um Missverständnisse vorzubeugen, dürfte es klar sein, dass für eine sinnvolle Artikulationsarbeit Kinn und Kiefer weich und entspannt bleiben müssen. Das Kinn darf niemals verkrampfen, egal wie intensiv die Artikulation ist. Außerdem muss die Zunge grundsätzlich in der Lage sein, entspannt zu bleiben und dies ist ebenfalls nur mit einem lockeren Unterkiefer möglich.

Der Kiefer

Das *Kiefergelenk* ist der Punkt, wo Unter- und Oberkiefer miteinander verbunden sind. Es soll sehr frei und beweglich sein.
Diesen Punkt findet man mit leichten Fingern in Schläfenhöhe. Bei lockerem senkrechtem Bewegen des Kiefers bildet sich dort ein „Loch". Es gilt dann, das Gelenk mit entspannten Bewegungen *kennenzulernen.*
- Manche können sehr gut den Unterkiefer auf diese Weise loslassen (die Bewegung erinnert an eine Schere).
- Für einige ist es hilfreich, den Unterkiefer nach unten fallend zu denken, für andere den Oberkiefer nach oben zu bewegen.
- Für andere ist es erfolgreicher, sich vorzustellen, dass der Unterkiefer wie eine waagerechte Platte fällt und sich dabei vom Oberkiefer gänzlich löst.

Die Zunge

Die Zunge muss kraftvoll, geschmeidig und agil sein.
In Ruheposition füllt sie den ganzen Mundraum, hat Kontakt zu sämtlichen Zähnen, oben wie unten und sie ist weich. Wenn es so ist, kann man als Beweis eine gesteigerte Speichelproduktion feststellen (wertvoller Hinweis einer Atemtherapeutin).

Für manche Konsonanten (dentale und labiodentale) wird hauptsächlich die Zungenspitze mit Energie und Präzision arbeiten; für die Palatale wird es eher der Zungenrücken sein.
Bei der Bildung der Vokale spielt die *Lateralität* (Breite) der Zunge für einen guten Ausgleich der vorderen und hellen Vokale [ɛ e i] und der gemischten [œ ø y] eine entscheidende Rolle.

Zur Entspannung der Zunge

- Schlucken; nach dem Schlucken sich des Mundraums bewusstwerden, den die Zunge ausfüllt.
- Die Zunge langsam bewegen, um „ein feines Gericht abzuschmecken, dem vielleicht noch etwas fehlt."
- Sich ein Haar auf der Zunge vorstellen, das man mit den Fingerspitzen loswerden will.
- Den Konsonanten [m] mit der Zunge zwischen den Lippen locker summen.
- Ein Gähn Bedürfnis stimulieren, dabei darauf achten, dass der Kontakt der Zunge zu den unteren Zähnen und der unteren Lippe erhalten bleibt. Dies lässt eine hohle Stelle in der Mitte der Zunge entstehen: Entspannungsgefühl. Wenn zwei Personen sich gegenüberstehen, ist der Ansteckungseffekt beim Gähnen sehr hilfreich. (Quelle Aldo Baldin)

Während des Singens und Sprechens sollte die Zunge in der Lage sein, so oft wie möglich, ohne Anstrengung in Kontakt mit der unteren Zahnreihe zu bleiben. Sie sollte im Laufe der Ausbildung lernen, dies zu *mögen*. Diese Lockerheit kann man bei unzähligen guten Sängern aller Stilarten beobachten.

Die Lippen und ihr Ringmuskel

Der Ringmuskel um die Lippen (*musculus orbicularis oris*) ist ein Muskelgebilde bestehend aus vier Segmenten um den Mund herum (s. Abb., dickere Striche). Er besteht zunächst aus zwei zwischen den beiden Mundwinkeln gespannten Strängen, einer zieht sich über der oberen Lippe (*triangularis*), der andere unter der unteren (*caninus*). Die beiden kreuzen sich in der Höhe der Mundwinkel, da wo der *musculus buccinator* anfängt, und verlängern sich nach unten (*triangularis*) und nach oben (*caninus*). Sie bestehen wiederum jeweils aus zwei symmetrischen Segmenten, die sich in der Mitte der beiden Lippen leicht kreuzen. Die vorliegende Darstellung stammt von Henry Gray (1825-1861), sie macht in sehr einfacher Weise eine dichte und komplexe Struktur anschaulich. Es ist nämlich wichtig, diese zu verstehen, um das weitere nachzuvollziehen. Denn die „Dichte" der Mundwinkelmuskulatur, die an einen *Eisenbahnknoten* erinnert, dürfte dabei recht klar werden.

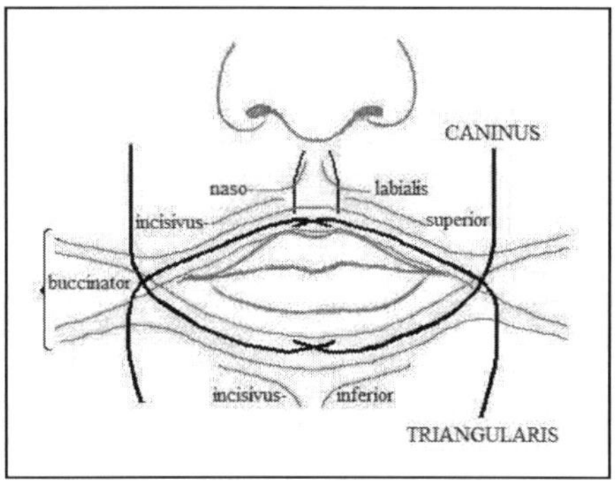

Nach Henry Gray, *Anatomy of the Human Body*, 1918, Abb.381

Bringt man die Mundwinkel zueinander, indem man gleichzeitig ein O des Staunens artikuliert, entsteht eine Art Schalltrichter, der eine signifikante Verlängerung des Ansatzrohres mit sich bringt, welche die Projektion der Stimme nach außen in besonderem Maße fördert. Diese Tatsache kann man bei zahlreichen Sängern aller Stilgattungen beobachten. Die dazugehörige Muskulatur muss also an Kraft und Elastizität gewinnen, denn sie spielt – wie in der Folge zu sehen sein wird – eine wichtige Rolle bei der Bildung der sog. *Hinterzungenvokale*, auch *dunkel* genannt und der *Mischvokale*. Sie setzt im Normalfall einigen Fleiß voraus.

Um dem Unterkiefer zur größtmöglichen Freiheit zu verhelfen, soll sich die Aufmerksamkeit – insbesondere bei den Labialkonsonanten – hauptsächlich auf die obere Lippe konzentrieren, denn die untere soll nur passiv mitmachen.

Die Zähne

Zahlreich sind die Sänger, die sich ihrer Zähne nicht bewusst sind. Die Morphologie des Einzelnen kann dabei eine Rolle spielen. Mögliche Hilfen:

- Mit den Fingernägeln leicht auf die oberen Schneidezähne hämmern, loslassen, spüren.
- In einen knackigen saftigen Apfel ebenfalls mit den oberen Schneidezähnen genießerisch hineinbeißen.
- Zähne wie ein wütender Hund zeigen, „in eine schön fleischige Wade beißen".

Auch hier und aus den gleichen Gründen wird ausschließlich mit den oberen Zähnen gearbeitet, mit denen man die dentalen und labiodentalen Konsonanten am besten projizieren kann.

Dieser hohe Sitz der Artikulation sollte außerdem als Orientierung für alle Konsonanten dienen (auch und besonders bei den Palatalen [g], [k] und [R].

Das Gaumensegel

Das Gaumensegel spielt eine wesentliche Rolle bei den Palatalen [g] und [k], den Nasalen [m], [n] und [ɲ], dem Gaumen R und dem [x] wie *Bach*. Beim Senken ermöglicht es die Bildung der Nasalvokale.
Das deutsche [ŋ] kann helfen, sich dieses kleinen muskulären Vorsatzes bewusst zu werden, den viele Anfänger nicht wahrnehmen. Ein Spiegel kann hierbei nützlich sein.

Klang, singen, funkeln, gang‿gang‿gang…

DIE VOKALE

Klassifizierung der Vokale in Bezug auf die Artikulation (s. auch S.20. und *Vokalviereck,* S.86)

Oralvokale

Es sind die Vokale, die ausschließlich durch den Mundraum fließen (Wiederholung).

- [a] ist der Vokal, den man *neutral* nennen könnte. Er entsteht, wenn wir einfach den Mund aufmachen.
- [ɛ], [e], [i] sind *helle* oder *Vorderzungenvokale*, sie werden hauptsächlich mit der Zunge gebildet.
- [ɑ], [ɔ], [o], [u] sind *dunkle* oder *Hinterzungenvokale*. Bei ihnen ist der Lippenring besonders gefordert.
- [œ]/[ə], [ø], [y] sind im Bezug auf die Artikulation *Mischvokale*, da sie technisch gesehen eine Synthese der hellen und dunklen Vokale sind.

[œ] und [ə] klingen im Französischen nahezu gleich; [ə] ist labil, verschwindet gern, wird nie betont (Erinnerung).

Nasalvokale

Es sind Laute, die beim Senken des Gaumensegels entstehen. Dabei kommt dieses nach vorne und öffnet den Vibrationen einen Durchgang zu den oberen Resonanzräumen. Die Sonorität, die dabei entsteht, wird *nasal* genannt, allerdings auf keinen Fall *„näselnd"*! Tendenziell senkt sich dabei der Zungenrücken nach unten.
(S. Abbildung S.87)

Vokalausgleich

Die Vokale, ob *oral* oder *nasal*, müssen im klassischen Gesang so gebildet werden, dass sie gut zu unterscheiden sind, und gleichzeitig eine homogene Klangqualität bieten, die man *Vokalausgleich* nennt.

Die Vokalarbeit – (Quelle: Armand MacLane- Lanier)

Vokal [a]

Der Vokal [a] entsteht automatisch, wenn man einen Ton bei offenem Mund und ohne jegliche Absicht von sich gibt. Im klassischen Gesang ist er bekanntlich ein problematischer Vokal für den Anfänger, denn er entsteht ohne jegliche Stütze und ist folglich schwer zu „timbrieren". Er erfährt alle möglichen Spannungen oder es fehlt ihm im Gegenteil an Tonus (oder beides zusammen). Dies kann für die Richtung der Arbeit ausschlaggebend sein, es kann sie aber auch blockieren. Man muss also sehr aufmerksam sein.

Ratschläge: An der Geschmeidigkeit der Zunge und an der Klarheit des Klanges arbeiten. Es kann auch hilfreich sein, sich zunächst mit für den Lernenden günstigeren Vokalen, vor allem den Vorderzungenvokale, zu beschäftigen.

Die vorderen, hellen Vokale [ɛ], [e], [i] und die Zungenarbeit

Die Arbeit an den vorderen Vokalen verspricht Erfolg, wenn man die Zunge in ihrer gesamten Breite nach vorne *rollt* oder *wölbt*, etwa wie eine *Welle, die dabei ist, sich zu bilden.*

- Zu Beginn wird man nur von [a] zum [ɛ] üben, da diese Vokale sehr nah beieinander sind. Der Abstand zwischen den oberen und unteren Zähnen ändert sich nicht. Dabei lernt man, dass der Arbeitsaufwand bei entspannter Zunge minimal ist, dennoch eine gute muskuläre Kontrolle verlangt.

Übungsvorschläge

- Eine Terz in Mittellage (etwa *a, g, f*) abwärts singen und dabei sehr legato beide Vokale auf der gleichen Note zweimal singen (Sechzehntelnoten). Man stellt wieder fest, dass die Bewegung sehr klein ist, dass sie aber Energie und Kontrolle braucht, damit die Vokale sich klar unterscheiden. Homogene Klangqualität.
- Wenn [a] problematisch ist, kann es helfen, mit [ɛ] anzufangen.
- Ist die Übung korrekt und automatisiert, geht man weiter zum [i]: Triolen auf einer Note: [a‿ɛ‿i], Terz abwärts. Für das [i] darf man den Raum zwischen den Zähnen leicht reduzieren. Wenn die Übung verstanden ist, merkt man, dass die drei Laute im gleichen Klangraum bleiben, während der Übergang von einem Vokal zum nächsten – *ähnlich den Farben des Regenbogens* – unmerklich geschieht. Das ist die Basis des Legato.
- Zum Schluss die vier Vokale [a‿ɛ‿e‿i] hintereinander üben und zurück.

Diese Arbeit kann Wochen oder mehr in Anspruch nehmen.

Die Hinterzungenvokale, auch dunkel genannt, [ɔ], [o], [u] und der Lippenring

Naturgemäß werden die Hinterzungenvokale im hinteren Raum des Mundraums gebildet. Da der klassische Sänger ohne künstliche Klangverstärkung singt, muss die Stimme allein in einem größeren Saal "tragen". Außerdem müssen die dunklen Vokale der Homogenität wegen sich den hellen anpassen und aus akustischen Gründen möglichst vorne gebildet werden. Hier spielt der *musculus orbicularis oris* eine wichtige Rolle.

Spricht man den Vokal [a], während man die Mundwinkel mit den Fingerspitzen nach und nach zusammenbringt, ohne den Vokal willentlich zu ändern, stellt man fest, dass der Klang sich in Richtung [ɔ] bis [u] verwandelt. Es ist die erste wichtige Erkenntnis.

Die Mundwinkel

Die Mundwinkel verlangen meist ein fleißiges Training, denn sie müssen lernen, ohne störende Verspannungen (Kiefer, Zunge, etc.) selbstständig zu arbeiten.

Training. Zunächst stumm üben

- Finger gerade und senkrecht beidseitig auf die Mundwinkel legen, um eine "rechteckige" Mundöffnung zu gerieren; mit der Bewegung hin und zurück spielen. Passivität der Muskulatur in der Lippenmitte oben und unten beachten; allmählich auf die Hilfe der Finger verzichten.
- Lippen zu einem „Küsschen" oder zu einem „Mäulchen“ stülpen. Aufwand spüren, intensivieren. Einen Spiegel zur Hilfe nehmen, um den rechteckigen Mund zu kontrollieren. Um zu vermeiden, dass die Lippen oben und unten mitmachen, kann man zwei Finger zwischen die Zähne stecken.

Training der gesungenen Hinterzungenvokale

Parallel zu den Übungen mit den hellen Vokalen fängt man mit den Vokalen an, die nah beieinander sind: [a] und [ɔ]. Hier ist die Arbeit ebenfalls minimal, anfangs aber relativ anstrengend. Das klangliche Ergebnis ist homogen. Im Allgemeinen ist die Muskulatur nicht daran gewöhnt und man stellt fest, wie schwach sie ist, es kann bis zum Zittern gehen.

Einmal stabilisiert wird die Übung bis zum [u] erweitert [a‿ɔ‿u] (Triolen auf einem Ton über eine ganze Terz abwärts). Bei [u] kann man den Raum zwischen den Zähnen leicht verkleinern. Zum Schluss [a‿ɔ‿o‿u] hin und zurück.
Es wird empfohlen, anfangs diese Serien nur auf einer Note zu üben.

Die Mischvokale [œ‿ø‿y], Zunge und Mundwinkel

Indem man gleichzeitig die Zunge und die Mundwinkel wie oben beschrieben bewegt, kommt man zu der Serie [a‿œ‿ø‿y], daher die Bezeichnung *Mischvokale.*

Übungen

- Zuerst nur [a] und [œ] (Synthese von [ɔ] und [ɛ]). Die Zunge bleibt vorne, die Mundwinkel kommen leicht zueinander. Rechteckigen Mund beachten.
- In der gleichen Weise wie die oben vorgeschlagenen Übungen sollte man zuerst [a‿œ] trainieren, dann [a‿œ‿y] und zum Schluss [a‿œ‿ø‿y]. Bei [y] Raum zwischen den Zähnen etwas reduzieren.

Das stumme, unbetonte [ə] oder Schwa

In seinem Buch *Singing in French* notiert Thomas Grubb das französische Schwa mit [œ] und es ist klanglich leicht nachzuvollziehen, denn die Lautung ist fast die gleiche, es wurde schon an mehreren Stellen erwähnt. Wird es [ø] gesprochen – wie es leider öfter zu hören ist – wirkt es zu wichtig und unfrei, vor allem am Ende einer Phrase. Es soll zwar im Klang bleiben, aber wie das *Auslaufen* des vorherigen Vokals klingen. Innerhalb eines Wortes „schnürt" es die Vokalkette ein. Außerdem ist es phonetisch falsch.

Die Nasalvokale

Allgemein betrachtet sind die sogenannten Nasalvokale unbeliebt, allen voran von den Franzosen selbst. Sie gehören aber zu den Hauptmerkmalen des typisch französischen Klangs und, wenn man sie gut beherrscht, stellen sie sogar eine Klangbereicherung dar, da sie neue Räume zum Schwingen bringen.
Besonders schöne Nasalvokale kann man u.a. bei Régine Crespin und José Van Dam hören.

- Man muss sich zunächst klar darüber werden, dass die Nasalvokale eine Variante des entsprechenden Oralvokals sind, wie im IPA notiert.

Das Senken des Gaumensegels und des Zungenrückens veranlasst das subjektive Gefühl einer räumlichen Längung im Schlundbereich, und zwar senkrecht, sowohl nach oben als auch nach unten. Wichtig ist allerdings, den vorderen Raum des entsprechenden Oralvokals dabei nicht gänzlich zu verlieren und schon gar nicht einzuengen.

[a] oder [ɑ] werden zum [ɑ̃]	*va →* *van*
[ɛ] wird zum [ɛ̃]	*vais →* *vin*
[o] wird zum [õ]	*do →* *don*
[œ] wird zum [œ̃]	*auteur* *Autun*

Zum Vokal [œ̃]: Es gibt insgesamt etwa zwanzig Wörter, die diesen Vokal enthalten, und allgemein wird er nur noch [ɛ̃] gesprochen. Die *Académie Française* hat beschlossen ihn zu streichen. Im klassischen Gesang jedoch darf er nicht dieser Reform zum Opfer fallen. Dies würde ein Verlust an Farbe und Expressivität bei Wörtern wie *humble* (demütig, bescheiden) oder *parfum* bedeuten.

Ratschläge für die Bildung der Nasalvokale

Das Ziel ist, dass der Klang sich in den oberen Räumen frei an- und wohlfühlt, statt sich dort einzuengen.

- Um sich des Gaumensegels bewusstzuwerden, *gang-gang-gang* wiederholt sprechen.
- Vokal [a] sprechen, dann nur Gaumensegel bewegen, sonst nichts. Man stellt fest, dass der Vokal sich zum [ɑ̃] hinbewegt; selbe Erfahrung mit [ɛ]→ [ɛ̃], [o] → [õ] und [œ] → [œ̃].

Wenn der Mechanismus verstanden ist, kann man der Lockerheit von Unterkiefer und Zunge, sowie der Öffnung der inneren Räume mehr Aufmerksamkeit widmen.

- Man stelle sich vor, dass der harte Gaumen porös ist und Klang „durchfiltern“ kann → Gefühl der Weite.
- Die Nasenlöcher öffnen sich, wie wenn ein Niesbedürfnis sich ankündigt.
- Um das Timbre und den Platz des Vokals [œ̃] zu finden, kann der Vokal [y] dank der gleichen Lippenspannung gut helfen.

[y] → [œ̃]   *brune→ brun*   *parfume→ parfum*   *opportune → opportun*

- Ein häufiger und beharrlicher Fehler bei der Bildung von Nasalvokalen ist das Entstehen eines Nasalkonsonanten [n], [m] oder [ŋ] am Ende der Silbe. Die phonetische Schrift zeigt eindeutig, dass das nicht so ist. Dabei hilft nur, Silben klar getrennt zu üben und dann vorsichtig wieder zusammenbringen

chanter [ʃɑ̃ | te]; *tinter* [tɛ̃ | te]; *sombre* [sõ | brə]; *humblement* [œ̃ | blə | mɑ̃]

Die Nasalvokale sollen sich frei anfühlen und von gleicher Klangqualität wie die Oralvokale sein.

Zum Spaß!

Le hautain Otton est à l´OTAN à Autun. (mph)
[lə‿o‿tɛ̃‿ɔ‿tõ / ɛ‿ta‿lo‿tɑ̃‿a‿o‿tœ̃]
Der hochnäsige Otto ist bei der Nato in Autun

L´infante défunte songe à l´ombre des pins sombres et chantants. (mph)
[lɛ̃‿fɑ̃‿tə‿de‿fœ̃‿tə / sõ‿ʒa‿lõ‿brə‿dɛ‿pɛ̃/sõ‿brə‿ze‿ʃɑ̃‿tɑ̃]
Die verblichene Infantin träumt im Schatten der dunklen singenden Pinien

Die Vokalkette

In den Stücken ist es sehr effektiv, die Vokalfolge ohne Konsonanten zu singen.

Votre âme est un paysage choisi
[ɔ‿ɑ‿ɛ‿œ̃‿ɛ‿i‿a‿ɔ‿wa‿i]
Eure Seele ist eine erlesene Landschaft - *Clair de lune*, Verlaine/Fauré, Debussy

Die Vokale sollen phonetisch richtig und klar unterscheidbar sein und dennoch sehr legato gesungen werden (Bild des *Regenbogens*). Man weiß, dass dies für die Frauenstimme in der Höhe aus physikalischen Gründen nicht mehr möglich ist, aber mit einer gut trainierten artikulatorischen Muskulatur kann man dieses Manko in Grenzen halten. (Nathalie Henrich Bernardoni, Forschungsleiterin am C.N.R.S, *Wissenschaft und Stimme*, bestätigte diesen Effekt bei einer Unterhaltung im Oktober 2017).

ZUSAMMENFASSEND

Eine solche Arbeit ist ein wichtiger Teil der Stimmbildung, sie braucht Zeit und Geduld und der Lehrer muss auf mögliche Verspannungen besonders achten. Das Prinzip ist relativ einfach, die Verwirklichung schwieriger.

BILDUNG FRANZÖSISCHER ORAL- und NASALVOKALE

anhand des VOKALVIERECKS (Quelle: Armand MacLane-Lanier, Überarbeitung, Marie-Paule Hallard)

mit jeweils einem französischen und – wenn vorhanden – deutschen Beispiel

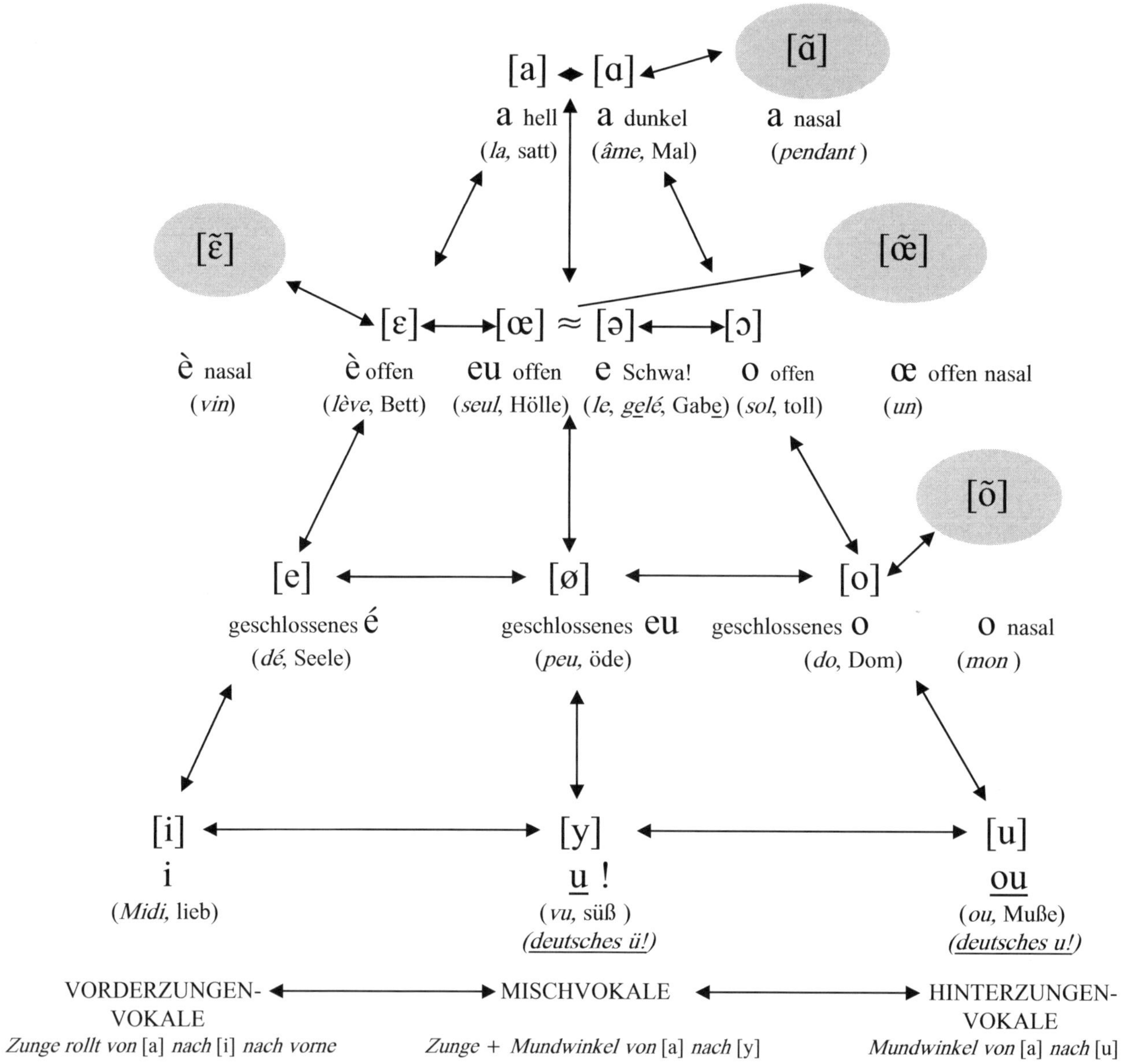

ANMERKUNGEN

- Hier steht das Vokalviereck auf dem Kopf. Diese unübliche Darstellung soll zeigen, dass alle Vokale technisch aus dem spontanen [a] entstehen können. Es handelt sich um einen Weg zu einem technisch zuverlässigen Vokalausgleich. Die Grafik macht außerdem klar, wie die Vokale – ähnlich den *Farben des Regenbogens* – NAHTLOS ineinander übergehen können und sollen → Legatoprinzip.

Zur Erinnerung

- Die klassische französische Sprache zählt insgesamt 16 verschiedene Vokale, davon 4 Nasalvokale.
- Der Klang eines Vokals hat – anders als im Deutschen – mit seiner Länge nicht unbedingt zu tun.
- Das Schwa [ə] hat nahezu den gleichen Klang wie das [œ]. Nur findet es sich immer in unbetonter Position.

Schreibweisen [ə]: e (*le, appeler*) / Plural -es (*les anges*) / Verb-Endung: 2. Pers. Sing. (*tu chantes*) / 3. Pers. Pl. (*ils chantent*).

- Der Buchstabe *u*, allein in einer Silbe, ist die normale französische Schreibweise für den Laut [y] (deutsches *ü*)
- Der Doppelbuchstabe *ou* ist die übliche französische Schreibweise für den Laut [u] (deutsches *u*).
- Nasalvokale

[ɑ̃] nasale Form vom Oralvokal [a] oder [ɑ]	Schreibweisen: *an, en, am, em, aon, aen.*	Meistens zu offen.
[ɛ̃] nasale Form vom Oralvokal [ɛ]	Schreibweisen: *in, im, ain, aim, ein, eim, en* nach *i* oder *y*	
[õ] nasale Form vom Oralvokal [o] oder [ɔ]	Schreibweisen: *on, om*	Generell zu offen!
[œ̃] nasale Form vom Oralvokal [œ]	Schreibweisen: *un, um*	

Beim Nasalvokal senken sich das Zäpfchen und der Zungenrücken;
es entsteht im Rachen das Gefühl einer „*Längung*" des hinteren Raumes nach oben und unten.
Dabei ist es wichtig, den vorderen Raum des entsprechenden Oralvokals nicht zu verlieren. Kein [n] / [m] oder [ŋ]

ABBILDUNG DER NASALVOKALE

[ɑ̃]

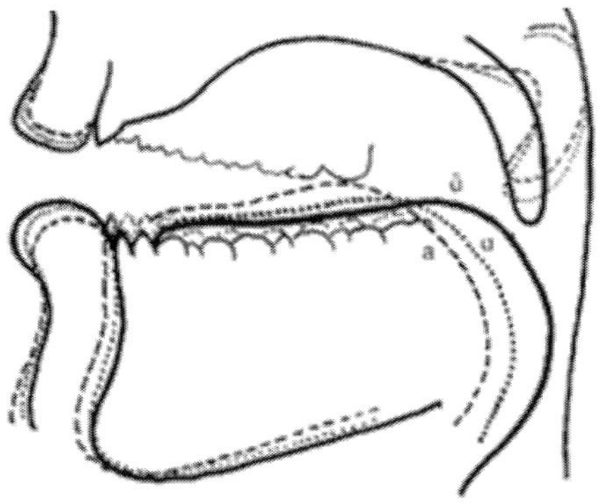

__ [ɑ̃] wie *pan:* durchg. Linie
---- [ɑ] wie *pâle:* gestrichelt
.... [a] wie *palme*: punktiert

[ɛ̃]

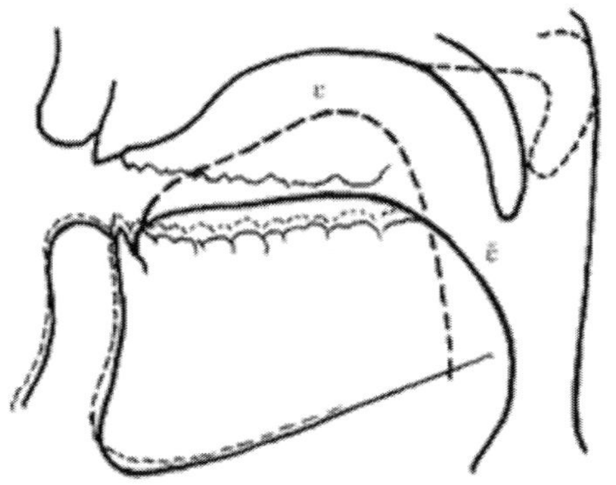

__ [ɛ̃] wie *lin:* durchg. Linie
---- [ɛ] wie *lève:* gestrichelt
.... [e] wie *léger:* punktiert

[õ]

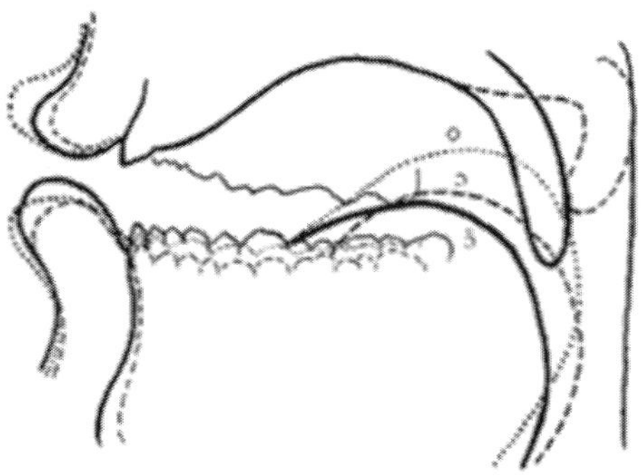

__ [õ] wie *pont:* durchg. Linie
---- [o] wie *pot:* gestrichelt
.... [ɔ] wie *pope:* punktiert

[œ̃]

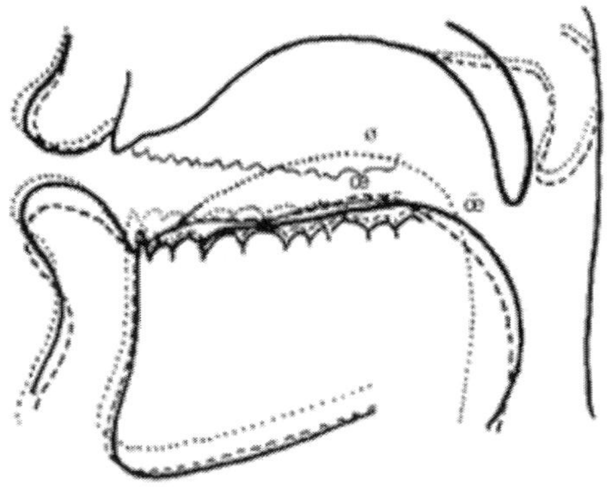

__ [œ̃] wie *parfum:* durchg. Linie
---- [œ] wie *fleur:* gestrichelt
.... [ø] wie *feu:* punktiert

Françoise Argod-Dutard, *Éléments de phonétique appliquée*
Paris: Armand Collin, 1996, mit freundlicher Erlaubnis der Autorin

ERINNERUNG

Der Gaumensegel senkt sich nach vorne und löst sich von der hinteren Rachenwand, somit kann die schwingende Luft in die oberen Resonanzräume aufsteigen.
Der orale Klang erfährt dadurch eine Bereicherung durch eine Resonanz, die man *nasal* nennt.
Tendenziell senkt sich die Zungenwurzel bei allen vier Nasalvokalen (besonders beim [ɑ̃]);
dabei entsteht im Schlundbereich ein Gefühl der *Längung* des Raumes nach oben und nach unten.
Es ist sehr wichtig, das Gefühl für den oralen Raum möglichst zu behalten.
Nicht in der „Nase einklemmen".
Unterkiefer und Zunge bleiben sehr entspannt und machen passiv mit.
Weder [m], noch [n], noch [ŋ] mitklingen lassen!

DIE KONSONANTEN

Zur Erinnerung: Die Konsonanten sind im Gegensatz zu den Vokalen Laute, die ein Hindernis zu überwinden haben (Verschluss oder Reibung). (Klassifizierung: S. *Phonetische Regeln*, S.20)
Sie sind ein entscheidender Faktor der Stimmprojektion nach außen. Heute scheint dieser Aspekt an Bedeutung verloren zu haben, denn ihre Artikulation im klassischen Gesang ist oft viel zu lasch, besonders im Piano und bei unbetonten Silben.

Die Konsonanten im gesungenen Französisch

Im Vergleich zu den deutschen Konsonanten weisen sie einige Unterschiede auf.

- Die Artikulation ist kurz, selbst, wenn man sie längen will (s. *Technik der Betonung*, S.76).
- Die Plosiven [p], [t] und [k] werden <u>niemals</u> aspiriert – so wie im Italienischen. Das heißt, dass die Luftmenge, die dabei ausgeatmet wird, auf ein Minimum reduziert wird. Es genügt, sie in die Handmulde zu sprechen oder zu singen, um den Luftverbrauch zu kontrollieren.
- Im Affekt dürfen Konsonanten z.B. bei *<u>P</u>itié! <u>H</u>élas! Je <u>h</u>ais!* [ʒə-ʰɛ] ausnahmsweise aspiriert werden (cf. Fouché, S. 252).
- Konsonanten werden hoch artikuliert, in der Höhe der oberen Schneidezähne.
- Sie sind energiegeladen, werden im Vorfeld energetisch vorbereitet und im Augenblick der Artikulation losgelassen (Bild des *Bogenschießens*). So sind sie klar wahrnehmbar, selbst, wenn man sie kaum ausspricht. (Siehe *Technik der Betonung*, S. 76)
- Konsonanten sind eins mit dem Vokal, der zur Silbe gehört und ebenfalls im Voraus vorbereitet wird.
- Sollen doppelte Konsonanten gelängt werden, werden sie so behandelt wie die italienischen.
- Im klassischen Gesang ist es wichtig und hilfreich, den Konsonanten auf der Tonhöhe zu artikulieren. Bei Spitzentönen ist es jedoch oft besser, den Konsonanten auf der unteren Note vorzubereiten.

Problematische Konsonanten

[g] *und* [k]

Wie ihr Name sagt, werden die Alveo-Palatalen zwischen hartem und weichem Gaumen, sprich im hinteren Mundraum, gebildet. Dies ist der Tragfähigkeit abträglich und widerspricht der Ästhetik des klassischen Gesangs. Sie sind auch schwer vernehmlich und können u.U. eine Gefahr für den Sitz der Stimme bedeuten.

Um diesen Nachteilen entgegenzuwirken, kann man ihren Sitz mit Hilfe des Zungen R verbessern. Bei ihm vibriert die Zunge oberhalb der Schneidezähne. Man muss sich bemühen, [g] und [k] an dieser Stelle zu sprechen. Das deutsche [ç] (*ich*) kann auch sehr hilfreich sein. Eine bewährte Übung:

> *Ich in China*: [i**ç**ˈin-**ç**i-na] → [i**ç**ˈin-**k**i-na], [k] möglichst an der gleichen Stelle wie [ç] „*artikulieren*".
> Dann die Vokalkette [i/e/ɛ/a/ɔ/o/u/œ/ø/y…]: [çe-na / çɛ-na/ ça-na / çɔ-na…] dann mit [k] trainieren.

Das Ziel:

- Die Deutlichkeit des Phonems verbessern.
- Verhindern, dass der Klang zurückrutscht, um die Projektion des Textes in den Raum zu verbessern.

[r] *oder* [R]?

Heute gehen die Meinungen auseinander. Manche finden das Zungen-R altmodisch und affektiert, andere verteidigen die Tradition, weil sie sie musikalischer und weicher finden.

Was man sicherlich berücksichtigen muss, ist die Tatsache, dass das Gaumen-R sehr leicht das Strömen der Stimme im hinteren Bereich des Mundraums zurückhalten und damit der Stimme einen kehligen Klang verleihen kann. Es ist auf jeden Fall wichtig – wie bei den Palatalen – den Konsonanten vorne zu denken.

Bei Anfängern begünstigt das Zungen-R auf jeden Fall den vorderen Sitz der Stimme.
Das französische Zungen R ist weicher als das italienische, ähnelt eher dem spanischen. Ein einziger Zungenschlag genügt.

Das stumme H und das aspirierte H

Es handelt sich hier lediglich um Grapheme, der Unterschied wurde bereits besprochen. Artikulatorisch existieren sie eigentlich nicht. Ausnahmen nur bei stark emotionalen Ausrufen.

Konsonantenarbeit

Das Trainingsziel ist die Aktivierung der Artikulation, die Stärkung der dafür nötigen Muskulatur, um die Energie und die Schnelligkeit der Bildung in allen Situationen zu steigern.

Einige Vorschläge, die in der Praxis hilfreich sein können

- Mit der Zunge schnalzen, indem man den Trab eines Pferdes imitiert. Die *Trockenheit* der produzierten Klänge ist besonders hilfreich für die Klarheit der Konsonanten, die meistens zu lasch und damit schlecht wahrnehmbar sind, **insbesondere [l]**.
- Eine freie und agile Zunge mit Hilfe der Konsonanten [l] und [r] üben, in Verbindung mit Labialen wie [b] und [p]; [br] und [pr] kann man lange vibrieren lassen, [bl] und [pl] mit Vokalen verbinden.
- Die Dentalen kann man üben, indem man die Zungenspitze mit Kraft gegen die oberen Schneidezähne drückt, um dann plötzlich den Widerstand bei den Konsonanten [d], [t], [n], [l], und [r] loszulassen.
- Die stimmhaften Frikative [z], [v] und [ʒ] müssen in allen Positionen auch am Wortanfang viel stimmhafter sein als im Deutschen. Es hilft, sie lange vibrieren zu lassen, um sie richtig zu spüren.

verger, gésir, visage, vision fugitive, exagérer, Geneviève, Jason…
[vɛr‿ʒe ʒe‿zir vi‿za‿ʒə vi‿zi‿õ‿fy‿ʒi‿ti‿və ɛ‿gza‿ʒe‿re ʒə‿nə‿viɛ‿və ʒa‿zõ]

- Zum Spaß

Les jeunes gens qui jasent joliment jugent Jason gênant. (Hallard)
[lɛ‿ʒœ‿nə‿ʒɑ̃ / ki‿ʒɑ‿zə‿ʒɔ‿li‿mɑ̃ / ʒy‿ʒə‿ʒɑ‿zõ‿gɛ‿nɑ̃]
Die jungen Leute (Männer), die hübsch schnattern, finden, dass Jason stört.

Projektion der Konsonanten

- Auf die sogenannte Stütze achten: *Auf* der Luftsäule sprechen/singen und nicht *mit* der Luftsäule.
- Die Haltung kontrollieren: Gerade stehen, offen, ohne Starrheit und durchgedrückte Kniegelenke.
- Niemals den Körper nach vorne bringen, „um besser verstanden zu werden“. Man denke an einen Bogenschützen, der, bevor er den Pfeil loslässt, den Körper eher nach hinten anspannt.

Text projizieren: auch hier einige Ideen.

- Einen Kirschkern oder ein Papierkügelchen weit weg und schnell spucken, Zungenspitze gegen obere Zähne.
- Kurze, trockene Geräusche wie „psst!“ oder „pfft!“ ebenfalls in die Weite projizieren.
- Mit dem Arm kleine Pfeile (darts) mit Präzision, so weit wie möglich auf eine imaginäre Zielscheibe mit kurzen Konsonanten wie [d], [t], [p] werfen, ohne nach vorne zu kippen.
- Weit weg (aber nicht laut, sogar flüsternd) sprechen oder singen. Sich vorstellen, dass der Ton wie ein Papierflugzeug das Publikum im Parkett überfliegen würde, um den Balkon eines Theaters zu erreichen.
- Sich des Mitschwingens der oberen Gesichtspartie während des Singens bewusstwerden:
Die Hände unter die obere Lippe flachlegen, Mittelfinger gegen Mittelfinger, um eine Art „Tablett“ zu bilden. Sprechen oder singen mit der Vorstellung, den Klang *über* die Handrücken in den Saal zu senden.

Artikulieren

- Sich die gesamte Artikulation auf der Höhe der oberen Zähne vorstellen.
- Den Konsonanten vorbereiten, ohne ihn zu sprechen. Energie spüren. Ihn kurz zurückhalten, um ihn dann plötzlich– und ohne Nachdruck – fallen zu lassen.
- Einen Text an jemanden, der weit weg ist, zuflüstern und darauf achten, dass nur die artikulatorischen Werkzeuge dabei verwendet werden. Kein Druck auf dem Kehlkopf! Sparsam mit der Luft umgehen!
- Den Text mit zwei Fingern zwischen den Zähnen oder mit dem berühmten guten *Korken*, den man heute bedauerlicherweise verachtet, so klar wie möglich sprechen. Dabei merkt man sehr gut, welche Muskeln in Anspruch genommen werden und wie stark. Dann ohne Hilfe, aber mit der gleichen Klarheit sofort nachsprechen oder singen.
- Die Konsonanten in einem bestimmen Satz einzeln wie Darts (Pfeile) projizieren.
- Sich im Gegenteil vorstellen, dass sie von den oberen Schneidezähnen wie Wassertropfen von einer Dachrinne nach dem Gewitterregen herunterfallen. Diese Übung hilft besonders gut bei Schwierigkeiten mit dem Passagio.

Votre âme est un paysage choisi
[v! tr! m! t! p! z! ʒ! ʃ! z!]

N.B. Sämtliche Übungen stimulieren die Stütze!

KONSONANTEN und VOKALE VERBINDEN

- Konsonantenfolge wie eben wiederholen:

[v! tr! m! t! p! z! ʒ! ʃ! z!]

- Vokalfolge wiederholen:

[ɔ ‿ ɑ ‿ ɛ ‿ œ̃ ‿ ɛ ‿ i ‿ a ‿ ə ‿ wa ‿ i]

- Konsonanten zunächst **sehr träge** in die Vokalkette *einschmuggeln*, um den Vokalausgleich nicht zu gefährden, und *nebenbei* ihren Platz zu erspüren.
- Dann Konsonanten durch Artikulation intensivieren, ohne lauter zu werden und ohne zu forcieren.
- Es kann helfen, sich den Text vor dem Mund vorzustellen. Auch die Vorstellung von Seifenblasen ist eventuell von Nutzen.

ZUSAMMENFASSUNG

Das Ziel ist ein Sprachlegato
mit klanglich homogenen, dennoch farblich klar unterscheidbaren Vokalen
sowie klar und deutlich projizierten Konsonanten,
die energiegeladen aber ohne falsche Anstrengung den Hörer erreichen.

Die französischen VOKALE sind im klassischen Gesang von Natur aus **lang**, manche sind länger (s.S.20).

Die NASALVOKALE dürfen auf keinen Fall in der Nase eingeklemmt werden. Es soll darauf geachtet werden, dass der **vordere Mundraum des entsprechenden Oralvokals** nicht verloren geht.

Die KONSONANTEN sind **kurz**, **energisch, mit wenig Luft gesprochen**. Um ihren Auftrag zu erfüllen, müssen sie – energetisch gesehen – vorne **vorbereitet** und im präzisen Augenblick der Artikulation **losgelassen** werden. Der **Artikulationspunkt** sollte **so hoch** wie möglich sein (obere Zähne / obere Lippe).

Die ARTIKULATION ist eine Funktion, die **mit dem Singvorgang in seiner Ganzheit sehr eng verbunden** ist; dennoch verfügt sie über eine **gewisse Autonomie**, denn es ist unabdingbar, dass sie **frei arbeitet**, **ohne** die Qualität des Stimmstroms zu beeinträchtigen, dem sie die letztendliche Form gibt: den TEXT.

Es darf nicht außer Acht gelassen werden, dass für die Verständlichkeit ALLE Silben zählen, auch die unbetonten. Alle müssen **gesungen** werden.

Eine ökonomische, gleichsam intensive Artikulation erleichtert in hohem Maße die Stimmgebung, sowie deren Projektion nach außen.

Ein kurzer Überblick…

DAS MITTELALTERLICHE FRANZÖSISCH BIS ZUR RENAISSANCE

Die Aussprache des mittelalterlichen Französisch stellt uns vor ein Problem: *Historisch informiert* oder nicht? Ganz allgemein dürften die Kenntnisse darüber nur sehr lückenhaft sein, daher kaum realisierbar.

Es ist klar, dass die gesprochene Sprache im Lauf der Jahrhunderte sich ständig geändert hat und dies von Region zu Region unterschiedlich. Im Süden war die *langue d´oc* mehr oder weniger offiziell, im Norden die *langue d´oïl* (zwei verschiedene Formen des Wortes *oui*, zu Deutsch: *ja*). Innerhalb dieser Regionen gab es noch etliche Varianten. Es ist daher anzunehmen, dass die Aussprache François Villons (1442-1464?) mit der Louise Labbés (Lyon 1524-1566) nicht identisch war: 130 Jahre Abstand und zwei Gegenden, die voneinander ziemlich entfernt waren.

Eine *historisch informierte* Aussprache des mittelalterlichen Französisch oder der Renaissance würde von Fall zu Fall sehr detaillierte Studien verlangen. Um etwas mehr darüber zu erfahren, können Französisch-Kundige die *Histoire de la langue française* von Jacques Leclerc konsultieren.

//http://www.axl.cefan.ulaval.ca.francophonie/histlngfrn.htm. (Webadresse am 14.11.2023 überprüft).

Andererseits kann man sich fragen, ob ein solcher Aufwand überhaupt möglich ist und ob er sich lohnt? Wir besitzen sehr wenig Elemente über die Aussprache dieser Epochen, außer einige Koinzidenzen (z.B. beim Reim), die uns erlauben, zu denken, dass… (Anne Delafosse, C.N.S.M.D von Lyon, Kongress A.F.P.C. Lyon, Oktober 2018). Es stehen uns auch leider keine Originaltonaufnahmen aus diesen Epochen zur Verfügung…

Im Rahmen einer Aufführung, deren Ziel es wäre, eine authentische Wiedergabe anzubieten, wäre das sicherlich erforderlich. Aber wenn es darum geht, ein Konzert für ein Publikum zu gestalten, das vermutlich vorrangig Spaß daran hat, den Text mitzuverfolgen, ist eine verständliche – sprich „modernisierte" Sprache – wahrscheinlich von Vorteil. Die Syntax allein sorgt schon für Verfremdung.

Was die Vokalmusik modernerer Komponisten betrifft, die alte Lyrik vertont haben, wie Gounod, Hahn, Debussy, Ravel, Enescu… kann man davon ausgehen, dass sie nie an eine historisch rekonstituierte Aussprache dachten. In ihrem Büchlein *„Sur l´Interprétation des Mélodies de Debussy"* zum Beispiel moniert die Sängerin Jane Bathori, die mit Debussy persönlich arbeitete, dass eine Interpretin beim Wort *„laissié"* in *Le Temps a laissié son manteau* nach einem Gedicht von Charles d´Orléans das „i" aussprach. Es klänge *„lächerlich nach Dialekt"*. Man kann davon ausgehen, dass Debussy der gleichen Meinung war.

DER BAROCKSTIL

Für die französische Barockzeit stellt sich die Situation anders dar. Zahlreiche zeitgenössische Traktate helfen uns, eine wahrscheinliche Aussprache zu rekonstruieren, auch wenn die Schriften nicht immer übereinstimmen. Außerdem spielt der Text zu dieser Zeit eine außerordentliche Rolle, er ist der Kern des Werkes und der Librettist ist genauso wichtig wie der Komponist. Der Fachausdruck sagt das sehr klar: Es ist die hohe Zeit der *tragédie lyrique* [tra-ʒe-di-li-rik]. Die *Tragédie* ist ein gesprochenes Bühnenstück, während das Adjektiv *lyrique* sich auf Gesang bezieht, also *gesungenes tragisches Bühnenstück.*

Hinzu kommt, dass die Kunst der Deklamation mit der Rhetorik der Gestik eng verbunden war. Alles hatte seinen Sinn: ob man die Hand nach oben richtete, ob man nach links oder rechts ging; dieser Code unterstützte und illustrierte die Textaussage. Man strebte ein Gesamtkunstwerk an, bei der alle Elemente sich solidarisch zusammenfügten.

Wenn man also durch Kulisse, Kostüme, Instrumente und Verzierungspraxis eine historisch informierte Aufführung anstrebt, müsste man sich folgerichtig um eine historisch informierte Aussprache bemühen.
Diese hatte zudem eine besonders kostbare Eigenschaft: ***Die Verständlichkeit!***
Denn diese war damals unabdingbar.

Michel Verschaeve, Sänger, Musikwissenschaftler und Verfasser des Buches *Traité de chant et de mise en scène baroque* (1997) hat sich intensiv mit diesem Thema auseinandergesetzt. Dank seiner freundlichen Erlaubnis dürfen wir hier die wichtigsten Regeln vorstellen, die er in minutiöser Arbeit zusammenstellte.
Diese gelten in etwa von Jean-Baptiste Lully (1632-1696) bis Jean-Philippe Rameau (1683-1764) und sie gelten gleichermaßen für die geistliche Musik, die sich damals gerne theatralisch darstellte.

Für Romanisten kann man auch auf das Buch von Nicole Rouillé (u.a. Forscherin beim *Centre de musique baroque de Versailles*) mit dem Titel *Le Beau Parler François* (2008) aufmerksam machen. Allerdings setzt sich dieses Werk hauptsächlich mit der damaligen Umgangssprache auseinander.

DIE AUSSPRACHE IM BAROCKGESANG

Die Vokale

Nasalvokale

Sie sind nur <u>leicht</u> nasaliert, die Konsonanten **n** oder **m** werden gesprochen.

an und *en*	[an] und [ɛn] oder [aŋ] und [ɛŋ], gleiches Prinzip für *am* und *em*,	*chambre* [ʃãmbrə]
ain und *ein*	[ajn] und [ɛjn] je nachdem, ob ein anderer Konsonant folgt oder nicht,	*plaindre* [plɑ̃jndrə]
in oder *im*	[ɛn] oder [ɛm] idem,	*tinter* [tɛ̃nte]
on und *om*	[on] oder [ɔn]; [om] oder [ɔm], idem,	*sombre* [sɔ̃mbrə]
un und *um*	[œn] oder [œm],	*humble* [hœ̃mblə]

Das Schwa

Das Schwa wird am Ende eines Reims gesprochen, sodass *weibliche* und *maskuline* Reime sich voneinander unterscheiden. Weiblich ist ein Reim, der mit einem [ə] endet. Diese Praxis gilt bis zum Ende des XIX. Jahrhunderts. Im klassischen Gesang ist das Schwa meistens auskomponiert.

*aim**é**e* [ɛ‿me‿ə] ≠ *aimé* [ɛ‿me]

Der Diphthong *oi* spricht sich [wɛ] oder [wa]

Die Entwicklung des [wɛ] zum [ɛ] (***français***) und vom [wɛ] zum [wa] ***(roi)*** geschieht langsam. In seinem Traktat der französischen Prosodie (*Traité de la Prosodie françoise*) von 1736 bestätigt der Abbé Jolivet schon das [ɛ] im gepflegten Alltag für manche Wörter, z.B. Nationalitäten (*Franç**ais*** [ɛ] statt *Franç**ois*** [wɛ]), sowie Endungen bei bestimmten Verbformen (Imperfekt, *j'all**ais*** statt *j'all**ois***). Aber auf der Bühne wird sich diese Aussprache erst gegen 1770 durchsetzen, d.h. gegen Ende des Barocks, gilt also für unser Thema nicht.

Die Konsonanten

Das aspirierte h wird wie im Deutschen stark aspiriert.

Hélas! [he‿lɑs]

Das [r] wird fast wie das italienische stark gerollt.

Die doppelten Konsonanten werden gelängt artikuliert, wenn sie affektgeladen sind. Es ist heute noch so.

*a**ff**reux!* [af‿frõ] / *te**rr**ible!* [tɛr‿riblə]

Der letzte Konsonant, der heute stumm ist, wird noch artikuliert.

*aman**t*** [a‿mant]

Der Konsonant <u>s</u> am Ende eines Wortes als Pluralform wird gesprochen.

*accen**s*** [ak‿sans]

Zwei Konsonanten am Ende eines Wortes, von denen einer im Singular gesprochen wird:

- Das ***s*** spricht sich nur, wenn kein anderer Hinweis auf einen Plural in dem Satz vorhanden ist.

  ***les** mers* [lɛ‿mɛr]

  les [lɛ] zeigt hier eindeutig einen Plural, das *s* von *mers* bleibt stumm.
- Wenn der Kontext keine Klarheit gibt, wird das ***s*** gesprochen

  *beaux lieu**x*** [bo‿ljøs] ≠ *beau lieu* [bo‿ljø]
  *Dieu**x*** ! [djøs] ≠ *Dieu* ! [djø]
- Am Reim wird das ***s*** gesprochen. Ausnahmen nach den Konsonanten ***c***, ***f***, ***l***, und ***r***, auch im Gesang.

Literatur

VERSCHAEVE Michel. *Le Traité de Chant et Mise en Scène baroques*, Bourg-la-Reine: Zurfluh, 1996

BACILLY Bertrand DE (1625-1690). *Remarques curieuses sur l'art de bien chanter*, Paris: Pierre Bien-Fait, 1668. Findet sich als Faksimile bei gallica/archive, eine englische Version ist ebenfalls vorhanden.

BÉRARD Jean-Antoine (1724-1778), Countertenor und Theoretiker. *L'Art du Chant*, Paris: Dessaint, 1755. Ebenfalls einsehbar bei Gallica/archive. Ein kleines aber sehr komplettes Buch.

PIGNOLET DE MONTÉCLAIR, Michel (1666-1737), Komponist. *Principes de musique divisez en quatre parties*, Paris , 1736. Basiswerk für die Verzierungen. Im Internet zu konsultieren.

ABBÉ D'OLIVET (1682-1768). *Traité de Prosodie françoise*, Paris: Gaudouin, 1736.

ROUILLÉ, Nicole. *Le Beau Parler françois, la Prononciation de la Langue publique aux XVIIe et XVIIIe siècles*, Sampzon: Delatour France, 2008.

Zur Interpretation

*Il ne suffit pas [...] de se contenter d´articuler
au lieu de poétiquement prononcer.*

Charles PANZÉRA (1896-1976), *L´Amour de Chanter*

*Es genügt nicht, [...] sich nur mit Artikulation
zufrieden zu geben, statt poetisch vorzutragen.*

Die Liebe zum Singen

Charles Panzéra (1896-1976), einer der großen, für seine Gestaltungskraft besonders geschätzten französischen Baritone seiner Zeit, (vergl. Liederkreis op.39 Schumann mit Alfred Cortot) formuliert das letztendliche und allerwichtigste Ziel der Arbeit: ***Die Interpretation***.

Interpretation ist die ***Kunst***, ein Werk zum Leben zu erwecken und dessen Gehalt dem Publikum erlebbar zu machen. Der *Interpret* ist für die *Vermittlung* eines Kunstwerkes verantwortlich. Seine Aufgabe ist die eines *Mediums*, er ist der Mittler zwischen Schöpfer und Zuhörer.
Er ist daher eine Art *Magier*. Der Sänger – wie alle Künstler, insbesondere diejenigen, die auf der Bühne auftreten – hat eine Botschaft zu vermitteln, dramatisch, tragisch, poetisch, humorig, komisch…
Er will Geschichten erzählen, Bilder, Eindrücke, Emotionen hervorrufen, die Fantasie des Zuhörers in all ihren Facetten stimulieren.

Er ist außerdem der einzige Künstler, der das Privileg hat, Text und Musik zu vereinen.

Der *klassische* Sänger hat zusätzlich die Aufgabe, soweit möglich, einem Werk nachzuspüren, wie es konzipiert wurde, und so zu vermitteln, wie der Komponist es haben wollte (dies war Maria Callas innigster Wunsch!). Dies verlangt tiefen Respekt und Aufrichtigkeit gegenüber Dichter, Komponisten, Werk und Publikum. Folgerichtig muss es auf lebendige, packende Art und Weise getan werden.
Das heißt: Der Künstler muss Werktreue mit Kreativität miteinander verbinden.

Alles, was bisher behandelt wurde, ist zum größten Teil Wissen und Technik. Dennoch dürfte einiges zu den technischen Mitteln, die *Interpretation* erst möglich machen, in den Kapiteln Diktion, *liaison* und Betonung schon klar geworden sein.

IM VORFELD

Es gilt alles zu tun, um einem Werk so nah wie möglich zu kommen, das heißt,

- sich über Komponisten und Dichter zu informieren,
- über das Werk selbst (Oper, einzelnes Lied, Teil eines Zyklus?)
- über die Entstehungszeit des Werkes und dessen Stilrichtung,
- über die großen Strömungen der Zeit (bildende Künste, Literatur, soziale und politische Lage…),
- über die mythologischen oder historischen Themen, die in dem Stück behandelt werden,
- sich mit den Figuren auseinanderzusetzen, seien sie der Mythologie, der Geschichte entliehen oder neu erschaffen.

Es ist spannend sich über eine Rolle (auch eine kleinere!) Fragen zu stellen, über deren Platz in der Handlung und deren Entwicklung im Laufe eines Stücks. Selbst wenn man nur eine Arie einstudiert, zum Beispiel für ein Vorsingen, muss ein Überblick über das ganze Werk selbstverständlich sein, um die Situation der Figur vor, während und nach der Arie zu verstehen. Im Liedbereich ist es ebenfalls ratsam, den ganzen Zyklus zu kennen, auch wenn man nur einen Ausschnitt singen will.

Und natürlich müsste man so oft wie möglich französische Musik hören, um sie kennen zu lernen, sich mit ihr, ihren Themen, ihrer Eigenart, ihrem Klang, ihrer Aura vertraut zu machen.

DAS EINSTUDIEREN

- Bei dem Kongress des *Bundesverbands Deutscher Gesangspädagogen 2019* in Essen-Werden wurde der international erfahrene Bariton Johannes Martin Kränzle unter anderem gefragt, wie er mit Fremdsprachen umgeht. Seine Antwort:

*„Die allererste Priorität hat der Text, **noch vor dem Studium der Partitur**!“*

Die Erfahrung lehrt in der Tat, dass Aussprachefehler ganz besonders schwer zu beheben sind, und sie entstehen leicht, wenn man den Text gleichzeitig mit den Noten lernt.

- Was Fremdsprachen angeht, sollte man sich fachkundig beraten lassen und möglichst mit jemandem arbeiten, der oder die sich im Kunstgesang auskennt. Es reicht leider nicht immer, mit einem *native-speaker* ein Stück einzustudieren, denn die Unterschiede zwischen gesprochener und gesungener Sprache sind groß. Es wird daran erinnert, dass die Umgangssprache in den letzten Jahrzehnten sich sehr verändert hat, und dass die Regeln der Hochsprache für viele in Vergessenheit geraten sind oder nie erlernt wurden.
- Die Noten müssen mit aller Sorgfalt studiert werden. Die Praxis zeigt, dass dies nicht immer der Fall ist.

Eine Besonderheit der französischen musikalischen Ausbildung ist das *Solfège*, kleine Kinder lernen schon Blattsingen mit Dirigiergestik. Dies prägt sich für das Leben ein und Metrum und Rhythmus sind in der französischen Musik besonders wichtig und deutlich spürbar.

Gabriel Fauré soll ein Metronom-Fanatiker gewesen sein. Als er nur noch eingeschränkt hörte, konnte es passieren, dass er beim Begleiten vor dem Sänger mit dem Stück fertig wurde, weil er nicht nachgab.
Es heißt von Debussy, dass er ob einer Achtel oder einer Sechzehntel schlaflose Nächte verbringen konnte. Bei ihm spielt der musikalisch umgesetzte Sprachrhythmus eine ganz entscheidende Rolle.
Der Respekt vor dem Notentext muss beim Einstudieren ein wichtiges Anliegen sein und man sollte sich nicht scheuen, zunächst mit dem Metronom zu arbeiten. Auf diese Weise entsteht ein sicheres Gerüst, auf dem die Interpretation entstehen kann, genauso wie bei einem Tänzer, der sich der Musik anpassen muss und künstlerische Freiheit nur innerhalb dieses Zwangs entfalten kann.

Besonders aufmerksam muss man bei Rezitativen sein.
Das Rezitativ als dramatisches Element, das in der Regel die Handlung voranbringt, ahmt naturgemäß den Fluss der gesprochenen Sprache nach. Man muss davon ausgehen, dass der Komponist weiß, wie er dieser Anforderung gerecht wird, und man sollte ihm vertrauen. Gerade da ist der Rhythmus konsequent zu respektieren, weil Punktierungen und Nichtpunktierungen, lange und kurze Pausen im Hinblick auf die Botschaft, die vermittelt werden soll, Aussagekraft haben.

Außerdem hilft diese Disziplin, die Dynamik der fremden Sprache besser zu verstehen.

In der französischen Musik ist es ein Unterschied, ob man ein Wort oder eine Silbe auf dem Schlag oder nach dem Schlag, auf dem ersten oder zweiten Schlag singt. Die Energie ist eine andere und die Worte bekommen eine andere Kraft. Es heißt also: Noten respektieren.

Einstudierte Fehler sind erfahrungsgemäß schwer, manchmal nicht mehr zu beheben.

- Daher sollten wir keiner Tonaufnahme blindlings vertrauen und sogenannte Traditionen, die womöglich lange nach der Uraufführung entstanden sind, hinterfragen. Die Partitur ist im Allgemeinen am zuverlässigsten. Es ist anzuraten, das Stück zu studieren, bevor man sich Aufnahmen anhört.

Dynamik und Phrasierungsangaben

- Helen Donath, Gabriele Schnaut und Anja Silja ergänzten ihre Anmerkung über die Artikulation:

„Außerdem ignorieren die jungen Sänger heute allzu oft die Hinweise des Komponisten.“

Heute geht es nicht selten darum, hauptsächlich in der Oper, die Schönheit und die Kraft der Stimme unter Beweis zu stellen, anstatt zunächst die Vortragsanweisungen (Grundtempo, Agogik, Dynamik, Pausen...) skrupulös zur Kenntnis zu nehmen und einzustudieren. Nur so ist es möglich, sich dem Komponisten anzunähern und seine Absicht zu erkennen.

Außerdem können sie ein geeignetes Mittel sein, die Stimme zu schonen. Der Tenor Jonas Kaufmann (geb. 1969) wurde gefragt, ob Wagner besonders schwer zu singen sei. Er meinte, es sei nicht der Fall, seitdem er entdeckt habe, wie oft *piano* und *pianissimo* in der Partitur stehen.

- Das Sprachlegato hat in der französischen Vokalmusik absolute Priorität. Auch in Arien wie die der Olympia „ *Les oiseaux dans la charmille*“ (Offenbach, *Hoffmanns Erzählungen*) oder der Juliette *„Je veux vivre“* (Gounod, *Roméo et Juliette*), in denen Wörter durch Pausen unterbrochen werden (*Je ' veux ' vivre*), muss die Phrase trotzdem in ihrem Ganzen über die Zäsuren hinweg gedacht werden und auf ihr Ziel zugehen. Dies wird erreicht, indem die Vokale so lang wie möglich gesungen werden.

- Zäsuren, wenn notiert, sind vom Komponisten gewollt. Sie haben in der Regel eine dramatische Funktion. Der erfahrene Theatermann Jules Massenet unterteilt in der Arie der Manon aus der gleichnamigen Oper *„Adieu notre petite table“* eine Passage folgendermaßen:

L'avenir ' aura-t-il les charmes ' De ces beaux jours ' déjà passés ?
Wird die Zukunft ' den Zauber haben ' dieser schönen Tage,' (die) schon vergangen (sind)?

Die Zäsuren drücken hier die Unsicherheit der Heldin (vielleicht sogar eine Vorahnung ihres Schicksals) vor ihrer folgenschweren Entscheidung aus: Zugunsten eines Luxuslebens an der Seite eines alten und reichen Mannes, ist sie dabei, ihre große Liebe zu verlassen.
Diese Zäsuren werden nicht selten übersehen.

- Ist man in einer langen Phrase gezwungen, zwischendurch zu atmen, darf der gesamte Bogen und dessen Ziel erst recht nicht außer Acht gelassen werden!

- Umgekehrt kommt es vor, dass ein zusammenhängender Satz durch eine komponierte Pause unterbrochen wird. Dann ist es ebenfalls wichtig über die Pause hinweg den gedanklichen Bogen zu spannen.

DER TEXT

- Es lohnt sich manchmal bei Liedern auf den *Titel* zu achten, der z.B. ein anderer als beim Dichter sein kann, da er in jedem Fall der Interpretation eine wertvolle Orientierung gibt.

Beispiele:

Chanson romanesque aus *Chansons de Don Quichotte à Dulcinée* von Maurice Ravel hieß ursprünglich *Chanson romantique.* Wozu die Änderung? Mit Romantik hat die *mélodie* wenig zu tun; *romanesque* dagegen kommt von *roman* im mittelalterlichen Sinne. Es geht hier um *ritterliche* Handlungen, wie beispielweise im *parzifal* (Dichtung von Wolfram von Eschenbach). Hier geht es um irreale Heldentaten, zu denen Don Quichotte bereit wäre, um seiner Dame (Dulcinée) gefällig zu sein. Hier kann das Wort *romanesque* zusätzlich als *fantastisch* verstanden werden.

Le plus doux chemin (Silvestre/Fauré) ist mit *Madrigal* überschrieben. Dies bezeichnet im Französischen u.a. ein kurzes Gedicht, meist galanten Inhalts. Hier wird klar, dass der Singende hofft, durch Ausdauer – er geht täglich an ihrem Haus vorbei – aber auch durch Charme die Angebetete für sich zu gewinnen.

- Man sollte imstande sein, den Inhalt eines Stückes in wenigen Worten zusammenzufassen. Dies ist mit einiger Sicherheit ein Beweis dafür, dass man es verstanden hat.
- Ist man in der Sprache einigermaßen bewandert, lohnt es sich, den Text wie ein Gedicht oder eine Szene laut vorzutragen.
- Eine vorzügliche Übung besteht darin, den Text im musikalischen Rhythmus zu sprechen.
- Wie hat der Komponist den Text musikalisch umgesetzt? Ist es für den angehenden Interpreten stimmig? Hier das Beispiel einer besonders gelungenen Textvertonung:

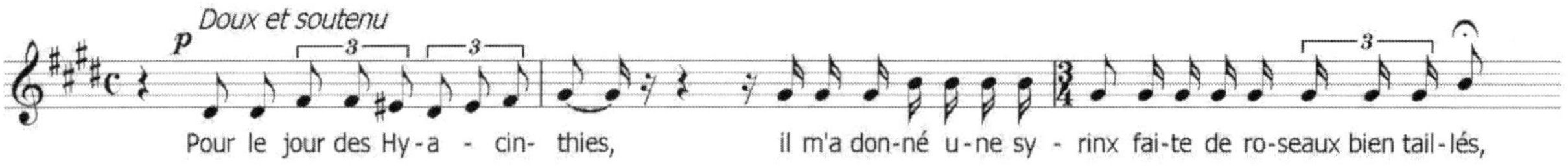

La Flûte de Pan aus *Chansons de Bilitis* – (Pierre Louÿs/Claude Debussy)

Dieser Ausschnitt ist - wie übrigens der ganze Zyklus - so gut komponiert, dass es ohne weiteres möglich ist, den Text ganz natürlich auf dem vorgeschriebenen Rhythmus zu sprechen. Dennoch schreibt Debussy: „*Sans rigueur de rythme*" (ohne rhythmische Strenge). Nimmt man ein Metronom, um sich das Metrum und die Notenwerte exakt einzuprägen, merkt man bald, dass Debussys Anweisung überflüssig ist, denn die Freiheit, die er anstrebt, hat er bereits auskomponiert. Es gilt allerdings, den Rhythmus so zu verinnerlichen, dass er absolut selbstverständlich wird.

- Es ist unentbehrlich, die Worte lieben zu lernen, ihren Klang, ihr Relief, ihre Aussagekraft, ihre Poesie.

DIE EINHEIT VON TEXT UND MUSIK

Text und Musik sind eine Einheit. Es gibt kongeniale Beispiele wie etwa *L'Invitation au Voyage* von Charles Baudelaire in der Vertonung von Henri Duparc. Dem Komponisten gelingt es, die Sehnsucht des Dichters nach einem friedvollen, im bernsteinfarbenen, leicht verschleierten Licht der holländischen Landschaften Ruysdaels oder Jongkinds getauchten Glück musikalisch zu „malen". Mehr noch: Durch die Auslassung der zweiten Strophe des Gedichts, die sich konkret auf den niederländischen Alltag bezieht, verleiht er dem Werk eine universale Dimension der Sehnsucht nach der Ferne.

Dieses Lied gehört zu den Höhepunkten der Liedliteratur schlechthin. Bei mittelmäßigeren Werken besteht aber genauso die Aufgabe, das Beste daraus zu machen.
Ernst und Freude am Gestalten stehen immer im Vordergrund.

DIE FANTASIE

Das, was die Franzosen „*l'imaginaire*" nennen, ist die Nahrung des Interpreten. Ein Künstler schöpft Inspiration aus allen möglichen Erfahrungen des Lebens: Begegnungen, Landschaften, Gerüchen, Farben, Gefühlen in ihrer ganzen Spannweite: Wut, Enttäuschung, Entsetzen, Rachelust, Eifersucht, Einsamkeit, Zärtlichkeit, Liebe, Glück, Freude. Dann ist es ihm möglich auf den Reichtum des Innen- und Außenlebens zurückzugreifen, um seine Ausdruckspalette zu erweitern und seine Gestaltungskraft zu steigern.

N.B. Wie es geht, kann man in der zauberhaften, weitgehend autobiographischen Novelle des französischen Autors Eric-Emmanuel Schmitt erfahren: *Madame Pylinska und das Geheimnis von Chopin.*

Und man kann natürlich nicht oft genug französische Musik hören - möglichst von französischen Interpreten. Es geht darum, sich in die Klangwelt hineinzufühlen, um dort mit der Zeit eine Art neues Zuhause zu finden.

DIE AUSFÜHRUNG

Ist diese ganze Vorarbeit geleistet worden, ist die Zeit gekommen, fast alles zu vergessen.

Ruhen lassen...

Danach gilt es, das Werk neu zu entdecken und so zu singen, als hätte man es gerade erfunden, sich den Bildern hinzugeben, den Text mit Freude zu modellieren, sich frei und spontan auszudrücken.

Christa Ludwig bei einer besonders eindrucksvollen Meisterklasse in Wien sagte sinngemäß:

„*Das o von Sonne klingt nicht immer gleich, je nachdem es in einem traurigen oder fröhlichen Kontext gesungen wird, ob man sich innen oder draußen befindet, ob es Winter oder Frühling ist.*“

Hier sprach natürlich die große Künstlerin, die sie war.
Kann man *beschließen*, ein offenes *o* so oder so zu singen? Vermutlich nicht.
So etwas kann man nicht wollen. Es kann nur entstehen, wenn man sich dem Werk voll hingibt. Es ist der Augenblick, in dem der Interpret sich der Intuition und dem Instinkt ausliefern muss.
Und dies kann aber nur gelingen, wenn solide Arbeit im Vorfeld geleistet wurde.

DIE ORIGINALITÄT?

Originalität um der Originalität willen ist eine Falle.
Man muss sich aber auch vor Nachahmung hüten. Es ist immer gut, sich so viel wie möglich anzuhören, am besten, nachdem man das Werk schon einstudiert hat. Das Internet beispielsweise bietet einiges an, aber nicht alles ist empfehlenswert. Und da kein Künstler perfekt ist, sollte man sich vor Imitation hüten. Die Aussprache ausländischer Sänger ist äußerst selten ohne Tadel, leider auch die französischer Interpreten.

Es ist sicherlich so, dass – hat man ein Werk mit allem Ernst einstudiert – die Originalität sich von allein einstellt, weil jede(r) eine eigene Persönlichkeit ist (Temperament, Stimmtimbre, Ansichten und persönliche Beziehung zum Stück). Es kann eigentlich gar nicht anders sein.

UNTERSCHIEDE ZWISCHEN FRANZÖSISCHER UND DEUTSCHER VOKALMUSIK

Es gibt tatsächlich Unterschiede.
Das französische Temperament ist anders als das deutsche. Französische Komponisten haben sich im XIX. Jh. für das *deutsche Kunstlied* begeistert und diese Begeisterung hat fundamental zur Entwicklung der französischen *mélodie* beigetragen. Aber die Franzosen haben die deutsche Romantik, die das deutsche Kunstlied durchdringt, mit wenigen Ausnahmen (zu denen Henri Duparc gehört) nicht übernommen. Die deutsche *Ballade* wie bei Schubert oder Loewe hat beispielsweise kaum Einzug in das französische Liedschaffen gefunden.

Die Natur wird anders betrachtet, es gibt weniger Wälder, weniger Elfen und fantastische Wesen, die die Hauptfigur ins Verderben stürzen können, man durchwandert sie auch selten. Hingegen spielen Gärten, Blumen, Düfte, alles Beschreibungen, die oberflächlich betrachtet mit dem Gefühlsleben nicht viel zu tun haben, eine große Rolle. *Le Jardin mouillé*, ein Meisterwerk von Albert Roussel nach einem Gedicht von Henri de Régnier ist ein besonders schönes Beispiel: Es ist die Beschreibung eines Gartens im Sommerregen, nur ganz am Schluss taucht die Melancholie auf, die er hervorruft.
Das Meer ist ein wichtiges Element: *Les Berceaux* (Silvestre/Fauré), *La Vague et la Cloche* (Coppée/Duparc), *La mer était plus belle* (Verlaine/Debussy) und vieles mehr.

Es gibt auch Tiere, oft im lustigen Ton aber nicht immer: u. v. a. *La Ballade des gros Dindons* (Rostand/Chabrier), *Le Colibri* (Leconte de Lisle/Chausson), *Histoires naturelles* (Renard/Ravel), *Le Bestiaire* (Apollinaire/Poulenc), *Le Chat* (Baudelaire/Sauguet)...

Kinder werden nicht vergessen : *L´enfant et les sortilèges* (Colette/Ravel), *La Courte Paille* (Carême/Poulenc)

Dagegen ist Todessehnsucht ein seltenes Thema: *L´Horizon chimérique* (Jean de la Ville de Mirmont/Fauré). Sonst wird sie im Allgemeinen eher verdrängt, oder diskret angekündigt: *Chanson perpétuelle* (Cros/Chausson).

Die Liebe und das Lieben werden anders erlebt, es wird zumindest anders darüber berichtet. Das Leid – durchaus vorhanden – wird, wenn überhaupt, meistens nur angedeutet. Die Gefühle sind nicht oberflächlicher, aber ihre Gewalt geht niemanden etwas an. Es scheint immer eine gewisse Scham über ihnen zu schweben. Man pflegt lieber die Kunst des Nichtgesagten (le *non-dit*).

Man liebt aber die Erotik, die sich ebenfalls nur in suggestiv erlesener Sprache ausdrückt: *À Chloris* von Reynaldo Hahn nach einem Text von Théophile de Viau (XVI. Jh.), *O ma belle rebelle* (Jean Antoine de Baïf/Gounod), *Le Promenoir des deux Amants* (Tristan Lhermite/Debussy), *Cinq Poèmes de Charles Baudelaire* (Debussy).

Ein Paradebeispiel ist in dieser Hinsicht der Zyklus *Trois Chansons de Bilitis* von Claude Debussy (der sich selbst *Claude de France* nannte) nach Prosagedichten von Pierre Louÿs: In nur drei Liedern wird mit schlichten Worten die Geschichte einer gescheiterten ersten Liebe erzählt: Eine Panflöte für zwei und ein verlorener Gürtel, ein üppiges Haar in einem leidenschaftlichen erotischen Traum, eine vereiste, schlammige Winterlandschaft, aus der Nymphen und Faune verschwunden sind, durchwandert von dem jungen Mädchen (Ich-Person) und ihrem Begleiter, der sich nur noch in die Betrachtung eines Eisstückes verliert. Sonst nichts.

Man schreckt auch nicht vor Dreistigkeit zurück: *Chansons gaillardes* von Francis Poulenc nach anzüglichen anonymen Texten des XVII. Jh. Der Reiz besteht in dem Kontrast zwischen der Kühnheit der Aussage und der Eleganz der Sprache.

Folklore wird gerne angenommen und nachgeahmt, insbesondere die Nähe zu Spanien hat die Komponisten immer wieder inspiriert. Die Ferne, ihre Rhythmen, ihr Klang ziehen magisch an : *Chansons de Don Quichotte à Dulcinée* (Morand/Ravel), *Shéhérazade* (Klingsor/Ravel), *La Vie antérieure* (Baudelaire /Duparc), *Les Adieux de l´Hôtesse arabe* (Hugo/Bizet), *Chansons madécasses* (de Parny/Ravel), *Chansons de négresse* (Milhaud/Supervielle), *L´Heure espagnole* (Nohain/Ravel). Die Liste könnte länger werden.

Man kann sich sogar über den Tod lustig machen: *La Danse macabre* (Cazalis/Saint-Saëns).

Aber die beiden Weltkriege und ihre Auswirkungen haben auch im Repertoire Spuren hinterlassen: *Le Noël des enfants qui n´ont plus de maison* (Debussy), *Banalités* (Apollinaire/Poulenc), *C*, *Fête galante* (Aragon/ Poulenc) …

Das Skurrile wird mit Éric Satie (1866-1925) salonfähig, z.B. *Ludions* nach Texten von Léon-Paul Fargue (1876-1947) und führt zu einer neuen Komponistengeneration, u.a. *Le Groupe des Six*, zu dem Musiker wie Darius Milhaud und Francis Poulenc zählen. Die sogenannten ernsten Komponisten begeistern sich plötzlich für den Jazz oder das Varieté. Sie amüsieren sich gerne : *Les Mamelles de Tirésias* (Apollinaire/Poulenc).

Es herrscht fast immer eine gewisse Leichtigkeit. Melancholie und Sehnsucht sind in der Summe wichtiger als tiefe Trauer und Tragik. Bei der *mélodie* darf man nicht vergessen, dass sie sich vielfach in Salons entfaltete, in denen man sich unter Musikern und Literaten regelmäßig traf. Das Werk Reynaldo Hahns erfuhr nach dessen Tod eine Zeit leiser Verachtung, man fand diesen „Salon-Stil“ süßlich und oberflächlich. Seit einigen Jahren wird der Komponist als feiner, sensibler Künstler wiederentdeckt.

Und es gibt – nicht zu vergessen – zahlreiche ausländische Komponisten, die die französische Lyrik offensichtlich geliebt und dementsprechend vertont haben. Auch sie haben uns Bemerkenswertes hinterlassen und nach wie vor entsteht immer wieder Neues. Hier einige berühmte und weniger berühmte Namen: Mozart, Liszt, Wagner, Rossini, Donizetti, Verdi, Loeffler, Ullmann, Eck, de Falla, Mompou, Strawinski, Britten, Bernstein, Reimann, und viele andere.

Dies sind nur ganz wenige Beispiele eines umfangreichen Repertoires, zu dem viele Dichter und Komponisten beigetragen haben.

Sowohl das Lied als die Bühnenmusik erfuhren eine lange, bewegte und bunte Geschichte. Bis zur Mitte des XX. Jahrhundert und darüber hinaus bleiben die Sprachregeln – soweit die Vertonung es zulässt – jedoch insgesamt die gleichen.

ZUM SCHLUSS

Die französische Hochsprache ist eine ästhetisch und musikalisch wunderbare Sprache. Das natürliche Legato der Vokalkette und der vordere, hohe Sitz der Konsonanten machen sie zu einem besonders sangbaren Idiom dem schlechten Ruf der gefürchteten Nasalvokale zum Trotz, der auf einem Missverständnis ihrer Natur beruht.

Die daraus hervorgegangene Literatur ist reich und vielfältig. Große Komponisten waren imstande, sie zu deuten und nicht selten durch geniale Vertonung zu transzendieren. Dementsprechend ist das musikalische Repertoire vielseitig, ob es sich um Epochen, Stile oder Gattungen handelt.

Es ist auf jeden Fall wichtig, sich bewusst zu sein, dass der Text in der Regel zuerst da war. Es ist der Text, der den Komponisten interessierte und inspirierte, es ist der Text, der die Musik initiierte, es ist der Text, den die Musik herüberbringen will. Die Botschaft ist also primär beim Text zu finden. Vertonung, Stimme und Technik sollten ihm bedingungslos zu Diensten stehen.

Der Interpret, die Interpreten bieten nach dem Dichter und dem Komponisten die dritte Version eines Textes. Es sind in der Regel mindestens zwei: Sänger und Begleiter. Es sollte keinen seriösen Begleiter geben, der sich nicht intensiv mit dem Text befassen würde.

Was die Wiedergabe betrifft, liegt die Hauptverantwortung naturgemäß beim Sänger. Aber erstrebenswert ist eine enge Zusammenarbeit zwischen den Ausführenden. Die Aufgabe ist herausfordernd, aber auch besonders beglückend!

Einheit von Text und Musik: Liegt nicht darin der eigentliche Sinn des Sängerberufs?

Anhang

Danksagung

zuallererst meiner Mutter, die durch ihre klare Diktion, die Freude am *Erzählen* sogenannter Kinderlieder von frühester Kindheit an in mir entfachte,

zwei unvergessenen Grundschullehrerinnen, Mlle Merlin und Mme Lagnaux, die durch fundierten Unterricht ein analytisches Verständnis der französischen Sprache, ein intuitives Gespür für deren Wesen und die Liebe zur Muttersprache in mir weckten,

der Stilistik-Vorlesung von Jean-Claude Chevalier an der Universität Lille, die besonders nachhaltig wirkte,

Irène Joachim, Enkelin von Joseph Joachim, legendäre Mélisande und Professorin am CNSMD Paris, für ihre breitgefächerten Repertoirekenntnisse und ihre Liebe zur Diktion.

Dank an Armand MacLane-Lanier für ein beharrliches Training des Vokalausgleichs, an Anna Reynolds und Agnes Giebel für ihre gesunde Technik, ihre Liebe zum Gesang, ihre künstlerische Persönlichkeit und für ihre Freundschaft.

Dank an Fred Rensch, Korrepetitor und Pianist, für seine Anregung, 2009 den Studierenden in Mannheim einen Französisch-Workshop anzubieten, welches zu einer Semesterinstitution wurde, die er zehn Jahre lang ehrenamtlich begleitete.

Dank allen Kollegen der Fachgruppe Gesang der Hochschule für Musik Mannheim, die meine Arbeit unterstützten.

Dank dem BDG (*Bundesverband Deutscher Gesangspädagogen*), der mir 2004 bei dem Jahreskongress in Halle die einmalige Chance bot, für die geplante Meisterklasse der französischen Sopranistin Françoise Pollet kurzerhand einzuspringen. Es war der Anfang einer begeisternden Tätigkeit.

Vincent Vivès, renommierter Musikwissenschaftler, verdanke ich ein Manuskript zu einem Meisterkurs in Würzburg, das zur Initialzündung wurde.

Evelyne Saunier und Françoise Argot-Dutard erlaubten mir, ihre wertvollen Dokumente zu verwenden.

Michel Verschaeve zeigte sich besonders großzügig und hilfsbereit in Bezug auf die Barockzeit.

Dank meinen französischen Kolleginnen des Gesangspädagogen-Verbands (AFPC), Evelyne Koch und Anne Constantin, für ihre wertvolle Hilfe bei der Entstehung der französischen Fassung,

Jean-Christophe Michel, Leiter der *Editions Symétrie* in Lyon, für die gelungene Ausgabe der französischen Version des Buches.

Was die deutsche Fassung betrifft, schulde ich großen Dank Prof. Vera U.G. Scherr, die mir mit fachlicher Erfahrung (ihr Buch über gesungenes Latein ist mittlerweile Standard), großer Energie, Ausdauer und kritischem Geist beistand, sowie meinem französischen Kollegen Philippe Huguet, der mich mit sinnvollen Fragen konfrontierte.

Dank allen, die von nah und fern Kontakt mit mir aufgenommen oder an die jeweiligen Institute zu Meisterklassen, Workshops oder Coaching eingeladen haben. Dank auch denen, professionellen Sängern, Gesangspädagogen, Pianisten und Studierenden, die immer wieder fragen, wann die deutsche Ausgabe herauskomme, für ihre Ermutigung und Bitte um Nachsicht, dass diese nicht früher fertig wurde.

Herzlichsten Dank an Prof. Natalia Farhi, Berlin, leidenschaftliche Mitstreiterin in Sache gesungene Sprachen, für ihre subtilen Fragen und für ihren Kommentar zu der deutschen Fassung.

Herrn Daniel Seger und den Mitarbeitern des Verlags Königshausen und Neumann (Würzburg) danke ich herzlich dafür, dass das Buch in das anspruchsvolle Verlagsprogramm aufgenommen wird.

… und schließlich meinem Mann, Prof. Bernhard Maier für seine Geduld und seine Bereitschaft, meine Arbeit mit wachem Auge zu überprüfen (und ab und an zu kochen…).

März 2024

Quellen

Argod-Dutard, Françoise. *Éléments de phonétique appliquée*, Paris, Armand Colin, 1996

Bathori, Jane, *Sur l'interprétation des mélodies de Claude Debussy,* Paris, Éditions ouvrières, 1953

Bernac, Pierre, *The Interpretation of French Song*, London, Cassel, 1970

Casadesus, Gisèle, *Cent ans, c'est passé si vite...*, Paris, Le Passeur, 2014

Fouché, Pierre, *Traité de prononciation française*, Paris, Klincksieck, 1959

Grammont, Maurice, *Petit Traité de versification française*, Paris, Armand Colin, 1965 (1ère édition, 1908)

Gray Henry, *Anatomy of the Human Body, 1918* – Public Domain

Grubb, Thomas, *Singing in French, a Manual of French Diction and French Vocal Repertoire*, New York, Schirmer Books, 1979

Hahn, Reynaldo, *Du Chant*, Paris, Pierre Lafitte, 1920

Hotter, Hans, *„Der Mai war mir gewogen" Erinnerungen*: verlegt bei Kindler Verlag München, 1996

Jolivet, Pierre Joseph Thoulier - Abbé (1682-1768), *Traité de la Prosodie française*, 1736

Klein, Hans-Wilhelm - *Phonetik und Phonologie des heutigen Französisch*, München: Max Hueber, 1963; 6ème édition, 1982

Leclerc, Jacques – *Histoire de la langue française,* //http://www.axl.cefan.ulaval.ca.francophonie/histlngfrn.htm.

Léon, Monique & Léon, Pierre. *La prononciation du français*, 2e édition, Paris, Armand Colin, 2009 (1ère édition, Paris, Nathan, 1997)

Milner, Claude & Regnault, François. *Dire le vers, court traité à l'intention des acteurs et des amateurs d'alexandrins*, Paris. Seuil, 1987

Panzéra, Charles. *L'Amour de chanter*, Paris, Henry Lemoine & Cie, 1957.

Panzéra, Charles. *L'Art Vocal, 30 leçons de chant*, Paris, Librairie Théâtrale, 1959.

Rouillé, Nicole. *Le Beau Parler François, la prononciation de la langue publique aux XVII. et XVIII. siècles* , Sampzon, Delatour France, 2008.

Saunier, Evelyne. Intervention sur la *Liaison*, Congrès Eurovox Lyon 2000

Schmitt, Eric-Emmanuel. *Madame Pylinska et le secret de Chopin*, Editions Albin Michel Paris 2008
Madame Pylinska und das Geheimnis von Chopin, C. Bertelsmann Verlag

Stricker, Rémy. *Les mélodies de Duparc*, Arles, Actes Sud, 1996.

Verschaeve, Michel. *Le Traité de chant et mise en scène baroques*, Bourg-la-Reine, Zurfluh, 1996.

Vivès, Vincent, Manuscrit d'un colloque sur *La Mélodie française*, Hochschule für Musik Würzburg, 1996.

Warnant, Léon, *Dictionnaire de la prononciation française dans sa norme actuelle*, Paris, Gembloux, Belgique, Duculot, 1987.

Yersin, Marie & Jeanne, *The Yersin Phonorhythmic, Method of French Pronunciation, Accent and Diction French School*, London – Philadelphia, J.B. Lippincott, 1897.

Bilder

Inhaltsverzeichnis

DIE DIKTION

DIE ARTIKULATION

ZUR INTERPRETATION